REVISTA DIRCOM 102

Marketing

Editorial DIRCOM, Profesionales Latinos de la Comunicación

Revista DIRCOM

editorial
DIRCOM

CONTENTS

EDITORIAL

El Marketing Es Comunicación

Una de las principales características que tiene el Grupo DIRCOM es la colaboración y aporte de sus miembros, colegas Iberoamericanos. Todos los años se van plasmando hechos concretos que convierten al movimiento en una realidad y no en un simple sello. DIRCOM avanza.

Durante 2014 nos dimos el placer de presentar un libro más de la colección DIRCOM, abordando el tema Gestión de Marcas y Branding y escrita por profesionales de la Comunicación para profesionales de la Comunicación. Su título, "La Comunicación de las Marcas".

El cuarto libro del Grupo DIRCOM es la conclusión de tres años de arduo trabajo y creemos que resultará una interesante lectura para los Dircom y gestores de marcas porque transmite experiencias relatadas a partir de conocimientos obtenidos en la tarea diaria del quehacer profesional.

El libro cuenta con la participación de Norberto Chaves, Kevin Roberts, Leandro Africano, Benito Cleres, Marcelo Sapoznik, Eduardo Sánchez, Edgardo Werbin Brener, Octavio Islas, Adrián Pierini, Stellato Federico, Vanessa Lam De Cheung, Cristian Torrandell, Paul Capriotti, Beatriz Sznaider y Diego A. Ontiveros.

Y los hechos continúan. Revista DIRCOM que no para de crecer mantiendo su presencia en Argentina, Colombia y Ecuador, eligió para su edición N° 102 como eje temático: Marketing. Las notas de esta edición tienen la finalidad de comprender, abordar y unir nuestra disciplina multifacética y la mercadotécnia. Dado que el Marketing es desde nuestra visión un gran proceso de comunicación, todas las variables del marketing operativo, las llamadas 4P o rebautizadas como PLIP. Desde ya que depende de cada zona geográfica cual es nombre que se utiliza para esta actividad, desde nuestro punto de vista entendemos la similitud entre las siguientes denominaciones: marketing, mercadotecnia, mercadología, mercática, mercadeo y comercialización. Es decir, el marketing que se aplica día a día, en llano de cualquier actividad. Nada se escapa a su influencia. Producto-servicio, precio, plaza y promoción son netamente formadoras y creadoras de sentido. Comunican al consumidor todas y cada una a su manera ciertos aspectos de cada marca.

Desde ya que el mix de marketing como proceso de comunicación debe tener coherencia y unidad con la otra sección denominada marketing estratégico. Y parafraseando al profesor Ing. Benito Cleres el marketing mix se identifica a la pregunta ¿cómo? y el marketing estratégico se puede llegar a reconocer con la interrogación ¿qué? Y los pilares principales del marketing estratégico son la segmentación, el posicionamiento, el portfolio de productos, la transvección y la inteligencia comercial.

Hemos colocado artículos que abordan a su manera temas y problemas que son inherentes a la función del Dircom.

Las colaboraciones espaciales que conforman un dossier imperdible gracias a los artículos del titular de Cátedra de Comercialización de la Universidad de Buenos Aires y ex presidente y fundador de SAIMO, Jorge Lipetz quien aborda: La importancia de Calidad, Valor y Satisfacción al Cliente. ¿Cómo lo ve el cliente?. Qué saber de nuestro cliente para una Estrategia de Valor. Evolución hacia una estrategia de Valor y exclusiva participación de Mariano Fernández Madero Director Ejecutivo de la Asociación Argentina de Marketing con dos artículos titulados Conectados con los Otros y Los Océanos Esmeralda del Marketing. Otros de los aportes de este número especial son la gestión de marketing cultural en los emprendimientos en las artes y la cultura, el impacto del marketing digital y su evolución en el denominado 3.0, el marketing político en un caso muy interesante de la provincia de Río Negro (Argentina), la creatividad y estrategia en el planificador de cuentas de comunicación publicitarias, las posibilidades de aplicar el neuromarketing, la variable controlable producto- servicio, la conceptualización de los asuntos públicos, nuevas visión del marketing, la importancia de la buena identificación de la segmentación, la comunicación interna en el marketing y la aplicación del marketing de guerrillas utilizado por pymes, ONGs y grandes organizaciones; creatividad, planificación y resultados en la góndola.

Esperamos disfruten de este número, coordinado por Diego A. Ontiveros demostrando la pasión, amor y vocación de difundir la gran relación que se establece entre la comunicación y el marketing.

¡Que lo disfruten!

Dr. Juan José Larrea - Director Grupo DIRCOM Latinoamerica.

REVISTA DIRCOM

EDICIÓN 102 | MARZO 2014

ISSN 1853-0079

DIRECCIÓN

Dr. Juan José Larrea - Argentina

STAFF

Dr. Juan José Larrea
Director Grupo DIRCOM Latinoamérica

Mg. Vanessa Lam Palacios
Directora Revista DIRCOM Latinoamérica

Colaboradores
Lic. Augusto Erbin
Candela Larrea

Visita Editorial DIRCOM en

- Apple Libros

- Kindle Ediciones

◆ ◆ ◆

MARKETING CULTURAL

Diego A. Ontiveros (Argentina)

L o que primero se debe realizar es reconocer el rechazo que habitualmente presentan gran parte del los hacedores y estudiantes del arte, la cultura y la comunicación, por desconocimiento, ya que muchas veces se considera la cultura como un hecho puro y no contaminado por la comercialización.

Marketing y cultura, aún con los prejuicios son dos cuestiones que pueden ir en paralelo, complementándose mutuamente y mejorarán notablemente la gestión de las industrias o centros culturales.

> *Se debe superar el prejuicio, de caer en el lugar común, formulado desde el pensamiento crítico (el cual valoro muchísimo) pero muchas veces se aplica desde una posición cómoda, la de criticar sin gestionar, las frecuentes descalificaciones son estos tipos de expresiones: transformar todo en mercancía, productos banales de consumo y deshecho, es solo para vender, de crear necesidades, de manipular al consumidor, de puro marketing, solo negocios.*

Estos son los pensamientos que si bien son legítimos, no son los únicos que son válidos.

Pero en tanto productos o servicios de la industria cultural masivos "para consumo" o productos "críticos", productos de alta cultura, media o popular, en todos los casos se aplica el marketing (aclaro que no es una mala palabra), sino un cúmulo se saberes, técnicas, herramientas y variables que bien aplicadas pueden mejorar la performance en los mercados. Sean estos espacios de circulación para libros, cuadros, películas, canales de tv, radios, museos, revistas, eventos, universidades, recitales, etc.

Nada se escapa a la comercialización (entendida como sinónimo de mercadotécnia, mercática o mercadeo o marketing). Si bien los hacedores del arte no piensan en sí mismos como gestores del marketing, lo hacen, lo emplean. Pensemos en un cantante o un pintor que desea que sus obras sean conocidas y mejor aún reconocidas, que su nombre convoque críticos de arte y amantes del arte a sus exposiciones. Querer vivir de sus obras, libros, discos, películas, etc.. implica gestión de las variables controlables (las 4 P) y semi controlables del marketing (objetivos, recursos finitos y relación entre distintas áreas), y de ser posible intentar contener las variables no controlables del marketing (contextos económicos, comerciales, políticos, demográficos, naturales, culturales, tecnológicos). Que se niegue o critique la aplicación del marketing en la gestión cultural no quiere decir que no se emplee. Y lo peor es negar la existencia y su mala praxis.

Adriana Amado Suárez escribió sobre la figura retórica que es inherente a este tema de mezclar marketing y cultura, el oxímoron, que implica muchas veces conjugar dos elementos aparentemente opuestos, como la biblia y el calefón (tan usado en el tango).

> *"El concepto de Marketing Cultural sigue siendo un oxímoron a los oídos de muchos que consideran sacrílego el matrimonio del mercado con los proyectos culturales." (1)*

Pero no es un oxímoron, el marketing cultural no es una contradicción, ni la perdición al dios llamado mercado. Es utilizar los conocimientos del marketing aplicándolos al mundo de la cultura. Es comprender que podemos mejorar todos los productos, es dejar de pensar desde el mundo académico que solo se satisface las necesidades del mercado con meras mercancías y ver que constituye una herramienta que otorga a la industria cultural las dos ideas centrales de la comercialización cultural: crear valor y satisfacer necesidades y especialmente deseos (hoy en día hablamos de deleitar a los consumidores).

Este artículo es para sortear ese escozor que muchas veces genera en los alumnos de aprehender que es el marketing y sus herramientas.

Nada se escapa del uso del marketing, ni aun los modelos críticos o los movimientos under o contraculturales. Todo los productos o servicios (tangibles e intangibles) son portadores de las variables del marketing.

El marketing es un gran proceso de comunicación, todo en el marketing comunica. Brevemente tengamos en cuenta que las 4P de Mc Carthy de fines del los ´50 son variables controlables pero netamente son expresiones que comunican: precio, producto, plaza y promoción. Y el marketing estratégico posee los cinco pilares fundamentales para cualquier emprendimiento cultural: segmentación, posicionamiento, portfolio de productos, transvección e Inteligencia comercial.

Todo desarrollo cultural debe poseer conexión, coherencia y sinergia entre el marketing mix y el marketing estratégico. Desde el nacimiento de cada producto o emprendimiento el marketing está presente en cada acción y decisión.

Cerrando esta nota celebro que se realicen en nuestro país los encuentros del Mercado de la Industria Cultural uno de cuyos ejes principales es incrementar su peso en el PBI. En este caso será el Mercado de Industrias Culturales de Sudamérica y países latinoamericanos (MICSUR), que se realizará entre el 15 y el 18 de mayo de 2014 en la ciudad de Mar del Plata.

Notas:

1. Amado Suárez Adriana- Bongiovanni Maximiliano. (2005) "Apuntes sobre el concepto de marketing cultural", Ponencia, III Congreso Panamericano de Comunicación, Buenos Aires, Universidad de Buenos Aires.

Referencias Bibliográficas:

KOTLER PHILIP. Dirección de Mercadotecnia, Análisis, Planeación, Implementación, y Control.

México, Prentice Hall Hispanoamericana, S.A., Octava Edición, 1998.

Lambin, Jean-Jacques, (1990) "Marketing Estratégico", McGraw-Hill, Madrid.

Stern, Jorge E.; Testorelli, Guillermo A.; Vicente, Miguel y compilado (2005) LAS CLAVES DEL

MARKETING ACTUAL- TEORÍAS Y MÉTODOS PARA LA REALIDAD LATINOAMERICANA;

Editorial Norma.

Acerca del autor

Lic. Ciencias de la Comunicación. Profesor Marketing Cultural Universidad de Tres de Febrero. Docente UBA, UNRN, UDESA. Asesor y Capacitador. Autor y compilador junto a J..J. Larrea de "La comunicación de las marcas" por grupo editorial DIRCOM.

E-mail del Autor: d_a_ontiveros@yahoo.com.ar

EN INSTAGRAM

@grupo_dircom

Grupo DIRCOM en **Instagram**

COMUNICACION ORGANIZACIONAL EN CRISIS - CORONAVIRUS

El Dr. Juan José Larrea explica qué se debe tener en cuenta y cómo actuar en la Comunicación Organizacional en Crisis por el Covid-19.

En el transcurso de este episodio (tanto en video como en PodCast se mencionan dos temas relacionados:

1. Teletrabajo: todo lo que tenes que saber

2. Rumor en las Organizaciones

PodCast DIRCOM

¿Dónde deseas escucharlo? Apple Podcasts | Android | Google Podcasts | Spotify | RSS | Más

Suscribe al PodCast DIRCOM y no pierdas ninguna novedad.

O puedes verlo en el Canal de Grupo DIRCOM en YouTube en: www.dircom.tv

COMUNICACIÓN ORGANIZACIONAL EN CRISIS

¿Qué pasos seguir en esta crisis inédita?

COVID-19

◆ ◆ ◆

CONCEPTUALIZACIÓN DE LOS ASUNTOS PÚBLICOS

Daniel Yasky (Argentina)

Existen múltiples controversias acerca de los alcances de los Asuntos Públicos, y su confusión con el término Relaciones Públicas. Para delimitarlo, John L. Paluszeck, Presidente de Ketchum New York, establece la diferencia entre ambos al definir ambos términos:

"Las Relaciones Públicas ayudan a la organización a desarrollar y mantener relaciones cualitativas con los grupos de públicos que pueden influenciar el futuro de la misma. Asuntos Públicos es la práctica de Relaciones Públicas dirigidas a las políticas públicas y a los públicos que influencian dichas políticas."

Asuntos públicos proviene del término de la lengua inglesa Public Affaire, y hace referencia a la actuación de la organización dentro de su entorno social. Esto es, cuando se traspasa de la esfera privada a la esfera pública y la organización comienza a actuar como un "ciudadano corporativo".

Existen varias posturas en la definición de las actividades que esta área desempeña o abarca, motivo por el cual, dejaremos en manos de distintos autores y profesionales, el aporte de sus conceptos que pasaremos a desarrollar.

En principio debemos conocer la controversia que se plantea del "quien incluye a quién". El Public Affair Council, principal asociación de los profesionales de asuntos públicos de Estados Unidos, sostiene que las relaciones públicas son una función más dentro de las diferentes actividades que desarrollan los asuntos públicos.

Desde esta óptica del Council, las relaciones públicas quedarían relegadas simplemente a las formas de comunicación con que una organización se relaciona con sus públicos.

A lo largo de los años muchas definiciones han sido generadoras de distintos puntos de vista respecto a los Asuntos Públicos, y a través de ellas se podrán contestar las preguntas formuladas en el párrafo anterior.

Las primeras aproximaciones sobre la conceptualización de Asuntos Públicos se referían a la "preocupación de las relaciones con el gobierno y la legislatura (gobierno Local, Estatal y Federal)"; como así también a la "importante tarea de establecer y mantener comunicaciones eficaces de doble dirección con el gobierno" (4).

En la actualidad existe una difusa controversia acerca de lo que el concepto de Asuntos Públicos constituye. Se pueden diferenciar tres corrientes opuestas que aportan distintos puntos de vista.

La primera, es la que expone el Public Affairs Council, estableciendo que los Asuntos Públicos "representan los esfuerzos de una organización para monitorear y manejar su entorno de negocios. Combina relaciones con el gobierno, comunicaciones, issues management y estrategias de ciudadanía corporativa para influenciar las políticas públicas, construir una sólida reputación y encontrar una base común con los públicos" (5).

De esta manera, el Public Affairs Council, consideraría a las funciones de Relaciones Públicas inmersas en el concepto de Asuntos Públicos, reduciéndolas a una cantidad inferior a comparación de lo que realmente abarcan.

La segunda corriente, es aquélla encabezada por Cutlip que establece que, los Asuntos Públicos es, "una parte especializada de las relaciones públicas que se ocupa de establecer y mantener relaciones con el gobierno y la comunidad local con le fin de influenciar las políticas públicas". Además agrega que "en las corporaciones, asuntos públicos normalmente hacen referencia a las relaciones públicas relativas a la política pública y a la ciudadanía corporativa" (6).

Turk coincide con la concepción de los Asuntos Públicos expresando que "son actualmente un tipo de Relaciones Públicas altamente especializado que involucra las relaciones con la comunidad y las relaciones gubernamentales, esto significa, tratar con oficiales de la comunidad y trabajar con grupos legislativos y varios grupos de presión."

Esta corriente entonces establece que para que los asuntos públicos sean efectivos es necesario contar con acciones que incorporen tanto relaciones con el gobierno tanto como con la comunidad para poder así influir en las políticas públicas.

La tercer y última corriente está comprendida por la postura que determina que los Asuntos Públicos están destinados a influenciar las políticas públicas para el beneficio de la organización, pero sólo mediante las relaciones con el gobierno.

Así lo expresa Grunig, al decir que "preferimos reservar el término 'Asuntos Públicos 'para un programa especializado de políticas públicas y relaciones con el Gobierno que sea dirigido por los subsistemas de Relaciones Públicas de la organización." (8) Y en relación a la comunidad explica que "en nuestra opinión, las relaciones con la comunidad no sólo deberían incluir otras actividades además de los asuntos públicos, sino que deberían dirigirse y gestionarse como un programa separado de los asuntos públicos." (9)

El Center of Corporate Public Affairs de Australia, establece que "Asuntos Públicos es la función de dirección responsable de interpretar el ambiente futuro político, social y regulador de una organización, continuamente integrando estas evaluaciones en el proceso de planificación estratégico, y apoyando la acción consiguiente de organización" (10).

De esta manera, los Asuntos Públicos deberían analizar constantemente los public issues. Según Buchholz, los Public Issues "pueden ser definidos como cuestiones de políticas públicas que afectan los negocios de una corporación en un modo que los negocios tienen tanto un derecho legítimo y una responsabilidad de ayudar en desarrollar cursos de acción comunes" (11).

Grunig coincide con este pensamiento, y establece que "las corporaciones acuden a la gestión de conflictos públicos potenciales (public issues management) para poder conformar la política gubernamental sobre temas que les afectan, en lugar de limitarse a adaptarse a los cambios de política que se hayan realizado. Las corporaciones utilizan la gestión de conflictos potenciales para dar respuestas preactivas e interactivas a cuestiones de políticas públicas" (12).

A modo de síntesis, se han presentado distintas posturas respecto a la noción de los Asuntos Públicos y las diferentes corrientes que postulan qué actividad comprende a la otra (respecto a si las Relaciones Públicas alcanzan a los Asuntos Públicos o viceversa).

Si bien existen distintas opiniones acerca de la conceptualización de los Asuntos Públicos, sí existen semejanzas en cuanto a las actividades que componen dichos programas.

Douglas G. Pinkham, presidente del Public Affairs Council propone la siguiente descripción acerca de las actividades que se realizan referentes a los Asuntos Públicos "el esfuerzo por monitorear y manejar una parte del ambiente de los negocios dentro de este campo, hay muchas áreas funcionales como lobbying, issue management, relaciones con el gobierno, y estrategias de relaciones corporativas con la comunidad para influir en las políticas públicas, crear una fuerte reputación y encontrar un fondo común con los grupos de interés" (13).

Con esta enunciación nos acercamos un poco más para llegar a una definición más amplia sobre los Asuntos Públicos.

A raíz de esta lucha por llegar a una definición generalizada de los Asuntos Públicos, es que esta actividad tiene diversos nombres dentro de las organizaciones "Relaciones Públicas, relaciones comunitarias corporativas, relaciones con la comunidad, relaciones exteriores, comunicaciones corporativas y ciudadanía corporativa" (14).

En conclusión, podríamos decir que los asuntos públicos son:

- Una especialización dentro de las relaciones públicas,

- Que procuran establecer y mantener relaciones con el gobierno,

- Y con la comunidad,

- Para poder lograr influenciar las políticas públicas y a los públicos que influyen sobre éstas.

Los Asuntos Públicos En La Gestión De Las Políticas Públicas

En el proceso de los Asuntos Públicos, las políticas públicas desempeñan un rol fundamental, en las dos corrientes antes mencionadas, a pesar de que apunten a dos públicos distintos, el gobierno y la comunidad, ya que ambas desembocan en la necesidad de influir a las políticas públicas en su beneficio.

Héctor Zimerman, explica que "en principio, la expansión de las políticas públicas está asociada en el siglo XX al crecimiento del estilo de Estado denominado Welfare State, traducido al español con el nombre de Estado de Bienestar, pero en realidad se puede hacer coincidir la aparición de las políticas públicas con el Estado Bismarckiano cuando se estudia la posibilidad de extender la actividad del Estado a áreas donde su competencia era escasa o nula (originalmente la seguridad social). Esta simbiosis entre un tipo de actividad y un determinado tipo de Estado, hizo que la relación se estreche mas con el tiempo propiciando el estudio de las políticas dentro del enfoque de la Teoría del Estado.

Actualmente, el entendimiento de las políticas públicas es mucho más abarcativo que la reducción a determinadas áreas del Estado central, o a determinados Estados particulares. Parte de la discusión ya no se centra en el soporte ideológico-productivo de cada Estado (verb. Capitalismo vs. Socialismo), o partidario dentro de un Estado (verb. Radicales vs. Justicial-istas), sino que sindican en la práctica a toda actividad o gestión de la autoridad pública, ya sea esta Nacional, Estadual-Provincial, o Municipal" (15).

Así podemos observar la evolución de la concepción de las políticas públicas. Actualmente, "las Políticas Públicas son, según Carlos Salazar Vargas, "el conjunto de sucesivas respuestas del Estado frente a situaciones consideradas so-cialmente como problemáticas", cuando se señala que es "un conjunto de respuestas del Estado" es porque casi nunca una política pública es una sola decisión, sino que por lo general involucra un conjunto de decisiones que se pueden dar de manera simultánea o secuencial en el tiempo. La definición agrega además "frente a situaciones consideradas socialmente como problemáticas" porque en la sociedad siempre hay un conjunto de problemas por resolver, si embargo el Estado no siempre puede enfrentarlos a todos, por lo cual, enfrenta de manera prioritaria aquellos que socialmente obedecen a una mayor presión o tienen una mayor incidencia" (16).

De acuerdo con Manuel Tamayo Sáez, "las políticas públicas son el conjunto de objetivos, decisiones y acciones que lleva a cabo un gobierno para solucionar los problemas que en un momento determinado los ciudadanos y el propio gobierno consideran prioritarios" (17).

Entonces podemos decir que los problemas que originan las políticas públicas son por ejemplo la seguridad, el empleo, la salud, la educación, etc.

Según Kelly, "las políticas públicas comprenden la vasta gama de decisiones, programas, proyectos y demás actividades del estado en todos los niveles de gobierno" (18)

Las políticas públicas intervienen en la actividad de toda la sociedad, por lo que es importante, tratar de influirlas a favor de la organización porque como lo establece la Consultora Burson Marsteller, "las decisiones de las políticas públicas tiene un impacto profundo en virtualmente cada institución público privada" (19).

De acuerdo con el Congreso Argentino de Administración Pública, "una política pública es todo aquello que el gobierno decide hacer o no hacer. Si el gobierno decide hacer algo, y eso significa implementar política, es necesario establecer estrategias, planes, programas, proyectos, procedimientos, reglamentos y desde luego presupuestos. Se puede entender que política pública es un instrumento de trabajo mediante el cual se pretende alcanzar, desde el Estado, en forma sistemática y coherente, ciertos objetivos de interés para el bienestar de toda la sociedad civil. Cuando desde el Estado se plantean propuestas hacia la sociedad, existe la necesidad de diseñar y ejecutar programas y proyectos para cumplir los objetivos de interés social, y en ese nivel las políticas públicas desempeñan un rol fundamental" (20).

En conclusión, podríamos decir que los asuntos públicos son: una especialización dentro de las relaciones públicas, que procuran establecer y mantener relaciones con el gobierno, y con la comunidad, para poder lograr influenciar las políticas públicas y a los públicos que influyen sobre éstas.

Para poder influir en las políticas públicas es necesario conocer el proceso de formación de las mismas. Cristina Díaz propone el ciclo de las políticas públicas, en donde "la dinámica de proceso contemplan: la construcción de la agenda (que supone la emergencia del problema, su definición y su inserción en el conjunto de cuestiones priorizadas en el programa de decisión y actuación del poder público), la formulación de la política (es decir la fase en que una vez consideradas alternativas de intervención se adopta un decisión sobre la estrategia fundamental a concretar), la implementación del programa o programas establecidos, su evaluación y eventualmente la finalización o extinción de la política misma" (21)

1. Agenda

2. Adopción

3. Formulación

4. Implementación

5. Evaluación

Joan Subiratis expone que "en el proceso de elaboración de la política han influido sin duda aquellos grupos que pueden resultar afectados o que quieren "conducirla" en uno u otro sentido [...] El proceso de implementación, como el proceso de elaboración de las políticas públicas, envuelve a diferentes niveles gubernamentales, órganos administrativos y otros intereses afectados, constituyendo lo que se ha venido en denominar "policy network". La estructura de esos entramados y las interacciones entre sus actores influencia su rendimiento, es decir, la "calidad" de la política aplicada y la efectividad de su implementación" (22).

Así se puede observar los diferentes actores que intervienen en el proceso de formación de las políticas públicas y aquellos que deben conocerse para lograr influenciarlos a favor de la organización.

De acuerdo con Estanislao de Kostka Fernández de la Facultad de Ciencias Políticas y Sociología Políticas Públicas de la Universidad Complutense de Madrid, "una política pública se compone de aquello que una autoridad pública decide hacer o no hacer, puesto que en políticas públicas el no actuar se puede considerar como una actuación" (23).

Otro tema que debemos conocer para entender a las políticas públicas es a la agenda política. De acuerdo con Rafael Bañon:

> *"al conjunto de problemas que preocupan a una sociedad en un momento determinado se le denomina agenda sistemática. De esta agenda, los decisores públicos extraen algunos y confeccionan la agenda institucional o agenda pública. La inclusión de un problema en la agenda institucional es una condición necesaria, pero no suficiente, para que el problema de lugar a una política pública que intente solucionarlo" (24).*

Entonces podemos destacar dos tipos de agendas: la sistemática y la política. La primera está compuesta por todos los problemas que preocupan a la sociedad y la segunda es aquella que incluye a aquellos que el Gobierno le otorga prioridad para resolver.

Podríamos decir entonces, que las políticas públicas constituyen la toma de decisiones llevadas a cabo por el Gobierno, de acuerdo a los temas que les concierne a la sociedad.

Notas:

1 Paluszeck, John L. en Dennis, Lloyd; "Practical Public Affairs in an era of change: A communications guide for business, government, and college", Public Relations Society of America and University Press of America, Estados Uni-

dos,1996. p. xviii

2 Public Affairs Council. Home Page [online]. [cit. 7 de Febrero de 2004]. Available from: http://www.pac.org/page/WhoWeAre.shtml

3 Tom. M. Hopkinson, en (Philip Lesly, Nuevo Manual de Relaciones Públicas: Tomo I. Organización y bases de las Relaciones Públicas, Barcelona, Ediciones Martínez Roca, S.A, 1981. p.64)

4 Ibid, p.66

5 "What is Public Affairs". [On line][Estados Unidos] Public Affairs Council. [Citado 24 de abril de 2005] Disponible en World Wide Web: <www.pac.org/pages/staff/print/FAQ.shtml>

6 Cutlip, S., Center, A., Broom, Op. Cit. pp.48-49.

7 Newsom, D. Turk, J. Kruckeberg, D. Op. Cit p.5..

8 Grunig, J. Hunt, T. Op. Cit. p. 421.

9 Grunig, J. Hunt, T. Op. Cit. p. 444.

10 What is Public Affairs in Australia. [On line]. [Melbourne, Australia] Australian Corporate Public Affairs Institute. 1999. Volume 9, Number 2 [citado abril 27, 2005]. Disponible en World Wide Web: <www.accpa.com.au/resources/WhatisPublicAffairs.pdf>

11 Buchholz, R. Evans, W. Wagley, R. Management

12 Grunig, J. Op. Cit. p. 440.

13 Pinkham Douglas G. Comparative Lobbying Practices: Washington, London, Brussels. [online] 2001. http://www.psa.ac.uk/cps/2002/mcgrath2.pdf#search='Comparative%20Lobbying%20Practices%3A%20washington% 20London%2C%20Brussels'

14 Pawlowski, Brett. Cable Televisión Public Affairs Association (CTPAA) [online]. Disponible en www.ctpaa.org

15 Zimerman, H. Origen y Actualidad de las Políticas Públicas [On line] Asociación Argentina de Estudios de Administración Pública [Citado Mayo 04, 2005] Disponible en World Wide Web: www.aaeap.org.ar/ponencias/Data/zimerman_hector.htm

16 Salazar Vargas, C., "Las políticas públicas: nueva perspectiva de análisis". Ciencia Política, 1995.

17 Tamayo Sáez, M., El análisis de las políticas públicas en Bañón, R.y Carrillo E., La Nueva Administración Pública. Alianza Editorial, Madrid, 1997. p.281.

18 Kelly, J. Politicas Públicas en America Latina: Teoria y Practica. Iesa. Vene-

zuela 2003. p.2

Acerca del autor

Licenciado en Comunicación Social y Relaciones Públicas UNLZ / Posgrados en Comunicación en FLACSO y USAL / Profesor universitario en Lomas de Zamora, La Matanza, Lujan y Palermo.

◆ ◆ ◆

CASO DE CRISIS EN EMPRESA ALIMENTICIA

El Dr. Juan José Larrea entrevista a la Mg. Vanessa Lam Palacios quien relata un caso de crisis, producido por el error de un empleado al grabarse tocando los alimentos que luego vendían.

¿Cuál fue la solución? Los 4 pasos que se deben seguir en toda crisis de comunicación organizacional. El hecho se desarrolla en Ecuador en medio de la cuarentena por culpa del coronavirus.

PodCast DIRCOM

¿Dónde deseas escucharlo? Apple Podcasts | Android | Google Podcasts | Spotify | RSS | Más

Suscribe al PodCast DIRCOM y no pierdas ninguna novedad.

O puedes verlo en el Canal de Grupo DIRCOM en YouTube en: www.dircom.tv

CASO DE CRISIS EN EMPRESA ALIMENTICIA
Elegí tu plataforma favorita
PodCast
DIRCOM

◆ ◆ ◆

CASO EXITOSO DE MARKETING POLÍTICO

Autor (País)

La campaña electoral del Frente para la Victoria durante el 2011 que llevaron a la gobernación a la fórmula Soria-Weretilneck, después de 28 años de gobiernos radicales en la provincia y ésta última, que si bien fue de carácter legislativo, tuvo todo el despliegue de una elección ejecutiva, expusieron diferencias y similitudes en cuanto a sus características, una y otra tuvieron a los mismos protagonistas centrales que hicieron que cambiara el mapa electoral rionegrino de una manera significativa.

Río Negro En Acción

El eje temático central de la campaña del Frente para la Victoria en 2011 fue el cambio, dar fin a 28 años de gobierno radical. El candidato Carlos Soria habló de que el principal problema de Río Negro era el gobierno radical, hizo mención a la corrupción, a la deuda y a las malas administraciones.

También hizo alusión durante la campaña a la gestión, nombrando hechos de su administración al frente de la intendencia de General Roca, la cual gobernó por dos períodos consecutivos desde 2003 al 2011.

Carlos Soria proyectó durante su campaña una imagen triunfalista, de seguro ganador de las elecciones sustentado en las encuestas que lo daban ganador por amplio margen. Apostó a la construcción de un perfil de líder fuerte y sus imágenes de campaña lo mostraron como un futuro ganador de las elecciones.

Trató de demostrar que sólo él podía llevar a cambiar la provincia y reconstruir el Estado luego de 28 años de gobiernos radicales. Una de sus maniobras para captar el voto independiente fue construir una imagen positiva de la fórmula apuntalando gestiones exitosas de dos de las más grandes ciudades de la provincia, Roca y Cipolletti, construyendo, así el eje del Alto Valle, donde confiaba tener una amplia ventaja.

La imagen que los afiches del equipo de Carlos Soria proyectaron fue la utilizada para el municipio de la ciudad de General Roca: "Roca en acción", así pasó a ser: "Río Negro en acción."

Entre los conceptos más utilizados por el candidato del Frente para la Victoria, Carlos Soria, el más mencionado fue el de cambio. Destacó la diferenciación con el pasado y la propuesta de un cambio, dar fin a 28 años de gobierno de signo radical. Habló del futuro como asociado al cambio, y del pasado como asociado al fracaso.

Se instaló una dicotomía "nosotros-ellos", en el sentido propuesto por el semiólogo Eliseo Verón. El nosotros era definido como el cambio, los que pondrían en "acción" a la provincia, mientras que había un "ellos" claramente identificado con los gobiernos anteriores y particularmente con la gestión de Miguel Saiz.

La fórmula Soria-Weretilneck logró una coherencia en cuanto a la estrategia de campaña supo articular sus dos principales ejes de campaña: la acción y el cambio. Así, desde un comienzo fue en la misma dirección hasta el final de la campaña, fortalecido por la enérgica personalidad de su candidato.

Pichetto Es Río Negro

El candidato del Frente para la Victoria, Miguel Pichetto, apuntó su campaña haciendo eje en dos o tres ideas-fuerza tal como lo marcan los manuales de comunicación política, su slogan "Pichetto es Río Negro" resumió muy bien la imagen que del candidato tenían los rionegrinos, reflejado en las encuestas y ratificado por la elección de octubre, un candidato con gestión, identificado con la provincia.

La candidatura de Pichetto y de Silvina García Larraburu se asemejó más a una campaña por la gobernación que a una legislativa, tanto por la composición de los candidatos de la lista (tuvo una total representación de las 4 ciudades más importantes de la provincia, en el tramo de senadores Viedma y Bariloche, en diputados General Roca y Cipolletti) como por el despliegue de campaña realizado.

El éxito de Miguel Pichetto se apoyó en la gestión, las obras, la creación de la Universidad Nacional de Río Negro y los aportes conseguidos a los municipios.

Se sustentó, al igual que lo hacía Carlos Soria, en el mandato, el cual fue una constante en la estrategia discursiva del candidato vencedor en la elección del 25 de septiembre de 2011, hay aquí algunas semejanzas en las estrategias discursivas de ambos. Soria hizo mención a su intendencia exitosa por dos períodos consecutivos al frente del municipio de General Roca, así como Pichetto gestionó obras y aportes para todos los municipios rionegrinos.

Soria antes y Pichetto ahora tuvieron un apoyo muy fuerte en las urnas, los rionegrinos votaron por un cambio en 2011 y eligieron la continuidad de Pichetto en el senado como gestor de las obras y los aportes para los municipios de la provincia, también votaron la gestión del gobernador Alberto Weretilneck y a todas las gestiones municipales del FpV.

En Cada Lugar, Siempre

Hoy existe una tendencia a la personalización de la política y la decisión del voto centrada en el candidato, su imagen y sus propuestas sobre temas concretos.

En ese contexto, la comunicación política adopta un rol central y se observa en dos áreas: en el de las campañas electorales (comunicación política electoral) y como gestión de gobierno (comunicación política gubernamental).

Esta última sirve a los efectos de lidiar con la gestión cotidiana, puede saldar problemas de gobernabilidad y aportar en la construcción de poder político.

El esquema de comunicación del actual gobierno de Río Negro plantea un diseño de "campaña permanente" donde los objetivos son diversos: por un lado en términos de la campaña electoral se buscó ganar la elección y en cuanto a gestión de gobierno los objetivos son múltiples, aunque el principal esté a la vista de todos: la instalación de un gobernador que está en toda la provincia, de acuerdo a su slogan de gobierno: "en cada lugar, siempre".

Es decir, en campaña se busca un único mensaje, en la gestión de gobierno, habrá distintos mensajes en cada etapa y en cada área del gobierno, se buscará que todos estén relacionados y que generen un discurso unificado.

La estrategia de comunicación que lleva adelante el gobernador Alberto Weretilneck busca lograr el apoyo y la aceptación del ciudadano, apelando a que no falte en ningún lugar donde deba estar: aniversarios de localidades, inauguraciones de escuelas y hospitales, entrega de viviendas y aportes, apertura de congresos, visitas a productores y presencia en inauguraciones de empresas privadas.

En cada una de sus acciones públicas no faltan sus discursos, aparición en actos oficiales de gobierno y en actos políticos-partidarios del Frente para la Victoria. La construcción de poder de la nueva gestión apeló a estrategias de legitimación claramente diferentes a las aplicadas por gobiernos anteriores.

En este sentido, Weretilneck se encuentra más cerca de un gobernador en "campaña permanente" que en el de un gobernador exhibiendo su gestión. El 2011 lo encontró en acción, dos años después es el gobernador que está en cada lugar, siempre.

Acerca del autor

Licenciado en Ciencias Políticas por la Universidad Nacional del Comahue, investigó los procesos eleccionarios y las campañas electorales en la provincia de Río Negro desde 1983 a la fecha, expuso en paneles sobre elecciones y campañas electorales en Río Negro en diversas universidades nacionales (UNRN, UNCo, UNER), autor de artículos en Congresos Nacionales de la disciplina de la Ciencia Política y en diversos medios y páginas digitales. Docente de Sociología y Estado y Sociedad en el Instituto Provincial de la Administración Pública (IPAP), integró el Consejo Asesor de la Carrera de Ciencias Políticas de la Universidad Nacional del Comahue durante 2010 y 2011, fue ayudante en las cátedras de Historia Económica y Socio-Política Argentina y Sociología Política en la Universidad Nacional del Comahue. Asistió a Congresos Nacionales e internacionales de la Ciencia Política.

E-mail del Autor: rodrigovdm@hotmail.com

MARKETING: 5 COMPONENTES QUE NO DEBEN FALTAR

Carlos Cortés presenta un modelo conceptual y práctico fácil de implementar por casi cualquier marca, un modelo que les permitirá tener un punto de partida sólido con una hoja de ruta clara y medible.

PodCast DIRCOM

¿Dónde deseas escucharlo? Apple Podcasts | Android |Correo electrónico | Google Podcasts | Spotify | RSS | Más

Suscribe al PodCast DIRCOM y no pierdas ninguna novedad.

O puedes verlo en el Canal de Grupo DIRCOM en YouTube en: www.dircom.tv

- 00:00 Introducción
- 02:47 Escenario Digital
- 04:06 Seguir un modelo metodológico

- 05:38 Formula a seguir.
- 05:57 Branding
- 08:55 Matriz de ADN Marca
- 10:54 Creatividad
- 14:51 Storytelling
- 15:24 Contar historias
- 16:04 Consumidor moderno
- 18:50 Estrategia
- 20:16 SEO
- 27:05 Analítica

◆ ◆ ◆

EL NUEVO MARKETING :
MARKETING 3.0

Pilar Mazuera P. (Colombia)

Algo ha cambiando en los últimos años respecto a la forma de hacer marketing en las empresas: el marketing tradicional como se había concebido en sus principios está acabado, ya no es acorde con la época que estamos viviendo, desde la inmediatez en la comunicación e información hasta los continuos cambios en la segmentación y hábitos de compra. Hoy en día hay que reinventarse y no morir en el intento.

Del Marketing 1.0 de los años de la revolución industrial que se orientaba al producto, con compradores en masa, en lo funcional. Se pasó al Marketing 2.0 que se dirigía al cliente, con la finalidad de satisfacer y retener clientes, lo funcional y emocional. Y ahora el Marketing 3.0 es otra cosa, el marketing se centra en crear valor, los consumidores tienen la posibilidad de participar, de colaborar, son más sensibles a lo que ocurre en el día a día, están más y mejor informados.

Cada vez es más difícil que los anuncios publicitarios en televisión tengan los impactos deseados en las audiencias; hay una saturación de los espacios y las personas están cada vez más cansadas de los cientos de mensajes publicitarios que reciben a diario. Por ello se hace necesario hacer una revisión de las estrategias del marketing tradicional; ¿por qué el marketing no está dando los resultados esperados en las empresas?; ¿por qué continuar en ese empeño que les lleva a perder cada vez más cuota de mercado?. ¿Cuáles son las dificultades actuales que tienen las empresas cuando piensan hacer el lanzamiento de producto o servicio de forma exitosa?.

Tal vez muchas de estas preguntas pueden encontrar la respuesta en los 10 Principios de Philip Kotler, gurú del nuevo marketing y consultor de compañías como General Motors, IBM, At&T, Bank of America y Merck, entre muchas otras.

Kotler en su primer principio nos propone: reconocer que el poder, ahora lo tiene el consumidor. Nos invita a ofrecer experiencias más satisfactorias a nuestros clientes. El cliente tiene mucha información, la encuentra en cualquier lugar con las nuevas tecnologías. Hay que buscar mantener relaciones más largas con los clientes y ofrecerles soluciones reales.

Respecto al segundo principio para desarrollar la oferta recomienda apuntar directamente al público objetivo de ese producto o servicio. La pista que da es buscar un nicho de mercado teniendo la certeza que hay mercado para ese segmento.

Para el tercer principio argumenta el diseño de las estrategias de marketing desde la perspectiva de los clientes. Es decir, que debemos centrar nuestro esfuerzo en la creación de valor en lo que ofrecemos a nuestros clientes, a través de una campaña de marketing que no esté basada sólo en mostrar las características de un producto. ¿Y cómo comunicamos esa propuesta de valores?. Debemos reconocer las expectativas de nuestros clientes. Decidir cuáles de estos valores queremos comunicar. Determinar cuál es mensaje que debemos comunicar y vender, que lleve intrínseco el valor que queremos transmitir. Y sin olvidar que nos hemos comprometido con nuestros clientes o potenciales clientes en el mismo momento de comunicar este valor que debe ser mantenido que en el tiempo.

Kotler vislumbra en el cuarto principio buscar nuevas estrategias y procesos en los canales de distribución y entrega, con el objeto de crear mucho más valor a nuestros clientes.

Y ahora el Marketing 3.0 es otra cosa, el marketing se centra en crear valor, los consumidores tienen la posibili-

dad de participar, de colaborar, son más sensibles a lo que ocurre en el día a día, están más y mejor informados.

Sobre el quinto principio Kotler recomienda crear valor en colaboración con nuestros clientes. Que exista un diálogo constante entre las dos partes, construir comunidades de consumidores de nuestros productos o servicios. En este punto podemos hablar del Marketing Colaborativo o Nuevo Marketing, con el cual los consumidores se sienten realmente identificados con el producto y pueden llegar a cubrir sus expectativas y necesidades. Actualmente muchas empresas de nueva creación dejan participar a sus clientes en el diseño de los prototipos originales de los productos o les piden consejo mientras desarrollan los prototipos de los mismos.

En el sexto principio nos habla del uso nuevas estrategias de comunicación para que nuestros mensajes lleguen a los clientes. Por ejemplo con el uso de las redes sociales: debemos permanecer alerta y en comunicación constante con los consumidores a través de las nuevas tecnologías, pues en estos nuevos canales lograremos identificar a los clientes insatisfechos que pueden llegar a dar a las empresas muchos dolores de cabeza por una mala gestión en la comunicación en las redes sociales.

No debemos olvidar tres elementos importantes que recomienda Kotler a la hora de definir los mensajes publicitarios: el valor que deseamos transmitir, entregar información de utilidad para los clientes e información que les llame la atención.

Muy importante la definición de métricas, como lo plantea el séptimo principio, que nos ayudarán a analizar el ROI (Retorno de la Inversión). Es necesario tener un dashboard (cuadro de mandos) que nos permita ver hacia dónde vamos en los que respecta a nuestras campañas de marketing, siendo éstas últimas un punto relevante en el momento de obtener unos resultados positivos o negativos en los objetivos de ventas de la compañía y con esta información poder tomar decisiones.

La premisa del octavo principio tiene que ver con desarrollo de marketing de alta tecnología. ¿Pero cuáles son los pilares para implementar la alta tecnología al marketing? Kotler menciona hacer proyecciones con los datos que nos arrojan las métricas, la automatización de las ventas: el objetivo es dar a los vendedores de margen de negociación con los clientes y teniendo a mano la información más relevante sobre los productos; la ingeniería del marketing, la creación de tablas de procesos, de desempeño y la dirección de campañas y proyectos.

El principio 9 debe ayudar a crear activos a largo plazo. ¿Pero cómo se logra?:

siendo honestos con nuestra marca y con nuestros clientes; buscando siempre dar un servicio de calidad, estableciendo excelentes relaciones con nuestros clientes internos: accionistas, proveedores, empleados; contar con un excelente capital humano en la empresa y crear y mantener la reputación corporativa.

Y el décimo principio nos deja una reflexión: el nuevo marketing se debe ver como la totalidad, es el punto de partida para tomar decisiones que afectan a clientes internos y externos. En este punto debemos definir nuevas oportunidades de mercado para el negocio cada año, por ejemplo cómo se puede formar y actualizar el capital humano con qué cuenta la empresa, qué cambios se pueden hacer en la infraestructura con respecto a nuevas tecnologías.

El Marketing 3.0 debe encaminarse a ofrecer soluciones más innovadoras, más creíbles, creadoras de valor para las personas y a partir de la definición de buenas practicas empresariales que mejoren la reputación corporativa, de esta manera las empresas pueden asegurarse mayores éxitos en la consecución de sus objetivos.

Acerca de la autora

Licenciada en Comunicación Social-Periodismo de la Universidad Autónoma de Occidente (Colombia), Licenciada en Comunicación Audiovisual Universidad Complutense de Madrid (España) Master de la Especialización de Gerencia Social de la Pontificia Universidad Javeriana (Colombia); Experta en Gabinetes de Comunicación en empresas e instituciones por la Universidad Complutense de Madrid (España). Ha trabajado en las áreas de comunicación corporativa en empresas del sector medioambiental y energía. Es asesora en el área de Comunicación digital en empresas diversos sectores en España y Colombia. Actualmente trabaja en varios proyectos de prototipado en varias plataformas digitales y proyectos de comunicación y marketing online.

◆ ◆ ◆

¿QUÉ ES CROWDFUNDING?

¿ Cuales son los objetivos, cómo se desarrolla, para qué sirve? ¿Cuál es el rol del profesional de las RR.PP en esta materia? La Lic. Florencia Guido explica todo.

PodCast DIRCOM

¿Dónde deseas escucharlo? Apple Podcasts | Android | Correo electrónico | Google Podcasts | Spotify | RSS | Más

Suscribe al PodCast DIRCOM y no pierdas ninguna novedad.

O puedes verlo en el Canal de Grupo DIRCOM en YouTube en: www.dircom.tv

◆ ◆ ◆

MARKETING 3.0: GENERANDO RELACIONES DE LARGO ALCANCE

Leonardo Martín Cocciro (Argentina)

La forma de hacer marketing está cambiando y no es fruto de la casualidad. Los valores y el comportamiento de las empresas se encuentran actualmente expuestos a la opinión de los consumidores, quienes activamente están monitoreando las estrategias y los productos que las empresas ofrecen. La aparición de las nuevas tecnologías de la información y la rápida expansión de las redes sociales se convirtieron en facilitadoras de un escenario propicio para la divulgación de información entre los consumidores, otorgándoles a éstos un importante poder.

La etapa actual, dominada por el marketing 3.0, no surge como un hecho aislado sino que como una continuidad lógica y natural de fases anteriores. Si nos remitimos a una primera etapa dominada por el concepto de marketing 1.0, observamos que el foco estaba puesto en el producto, siguiendo la comunicación un lineamiento unidireccional al estilo de los medios tradicionales. A esta etapa le siguió una segunda centrada en el marketing 2.0, cuya orientación principal ya no era el producto en si mismo sino el cliente. La comunicación unidireccional queda de lado y el eje se centra en la interacción entre las empresas y los consumidores. Comienzan así a verse los primeros atisbos de un sujeto activo con sus propios sueños, emociones, necesidades y valores.

El marketing 3.0 va un poco más allá, adentrándose en los sueños, sentimientos y emociones de ese sujeto activo.

Para lograrlo, se apoya en valores como la coherencia y la autenticidad, sendos motores que les permitirán a las empresas lograr una verdadera conexión con los usuarios, razón fundamental para la rentabilidad del negocio y su perdurabilidad en el tiempo. (1)

La Vinculación Con La Comunidad

Toda empresa actúa en el marco de una comunidad. Su ubicación, su desarrollo y su evolución están íntimamente ligados al devenir de aquella. Sin embargo esta relación no ha sido siempre fructífera. Cegadas por sus propios intereses, muchas empresas le han dado la espalda a las necesidades de ese entramado social que las rodeaba. Hoy los tiempos cambiaron, y una empresa que pretende ser exitosa debe mostrar su preocupación por esa comunidad que la acoge y actuar en consecuencia en la búsqueda de soluciones a los problemas que estas demuestran. Para Fernando Solari, las empresas deben seguir una lógica en la cual prime el dar por sobre el recibir. Toda empresa será exitosa en la medida en que tenga en cuenta el devenir de su comunidad debiendo siempre estar predispuesta a tender su mano al otro. (2) Esta estrategia, enmarcada en el concepto de responsabilidad social empresaria, encuentra en el marketing 3.0 una herramienta empresarial idónea para interactuar con la totalidad de sus grupos de interés: accionistas, empleados, consumidores, comunidad y medio ambiente. Ya no es posible para las empresas entender las motivaciones y los deseos de los consumidores sino tienen en cuenta el entorno que las rodea.

Para ello es fundamental que las empresas adopten una estrategia de marketing de puertas abiertas mediante la cual puedan escuchar iniciativas, comentarios, pedidos y propuestas de los distintos actores involucrados en la comunidad. Siguiendo a Kotler, las empresas que se preocupen por su comunidad tendrán una ventaja considerable por sobre aquellas que aún no entiendan este nuevo proceso. (3)

Una Visión Humanística

El marketing 3.0 surge así como una respuesta a los cambios experimentados por la sociedad y los consumidores. Este nuevo marketing debe resaltar su honestidad, balanceándose entre lo afectivo y lo emocional para generar una relación de largo alcance con los consumidores. Las empresas deben ver más allá de las frías estadísticas para adentrarse en las sensaciones y las experiencias de aquellos.

> *La visión empresarial, de ahora en más, no se focalizará sólo en la rentabilidad y en los clientes sino que deberá perseguir la responsabilidad social y transformar a los clientes en personas, en donde el concepto fundamental sea que "todos ganen".*

Kotler afirma que para lograr esto, las empresas deben encontrar un balance entre sustentabilidad, rentabilidad y retornabilidad. (4). El rol de las empresas como generadoras de ganancia seguirá existiendo, pero acompañado de otro rol quizás mas importante; el de generar vínculos que decanten en beneficios compartidos entre todo el tejido social.

Notas:

(1) Kotler, Philip, Marketing 3.0, Madrid, Editorial LID (2012)

(2) Fernando Solari. Lazos Comunicantes. Buenos Aires, Editorial Granica (2007)

(3) Kotler Philip, op.cit.

(4) Kotler Philip, op.cit.

Acerca del autor

Licenciado en Ciencias de la Comunicación Social egresado de la Universidad de Buenos Aires. Consultor en Comunicación y Marketing. Posgrado en Gerenciamiento de Sistemas de Salud (2010), posgrado en Gerenciamiento de

Entidades Sociales en España (2012). Actualmente está a cargo del área de Comunicación y RRII de la Federación Argentina de Entidades Solidarias de Salud – FAESS - Coautor del libro "Economía Solidaria. Hacia un nuevo mapa de comunicación" (2012).

¿QUÉ ES LA COMUNICACIÓN INTERPERSONAL?

La comunicación interpersonal es la clave para generar confianza en cualquier negociación o actividad que desarrollemos, ya sea de manera presencial o virtual. Luz Mejía (docente universitaria) desde Panamá explica los detalles.

PodCast DIRCOM

¿Dónde deseas escucharlo? Apple Podcasts | Android | Correo electrónico | Google Podcasts | Spotify | RSS | Más

Suscribe al PodCast DIRCOM y no pierdas ninguna novedad.

O puedes verlo en el Canal de Grupo DIRCOM en YouTube en: www.dircom.tv

Si lo deseas puedes ir al momento exacto del video que te interese presionando sobre el tiempo deseado abajo:

- 00:14 Introducción
- 01:34 Comunicación interpersonal
- 02:00 Definición
- 02:38 ¿Por qué es importante?
- 03:15 ¿Dónde usar la comunicación interpersonal?
- 04:15 ¿Cómo potenciar las habilidades de la Com. Interp.?
- 05:44 La Cortesía y la cordialidad
- 07:45 ¿Qué es la escucha activa?
- 09:55 La Empatía
- 11:02 ¿...y en el mundo virtual?

VARIABLES INDISOCIABLES: PRODUCTO Y SERVICIO. EL VALOR DE LO INTANGIBLE

María Verónica Mandrini (Argentina)

Somos protagonistas a diario de un bombardeo masivo de múltiples publicidades, en donde las empresas intentan captar la atención de sus públicos, sumar nuevos clientes y mantener los existentes. El escenario económico actual no es estático, va fluctuando, y se caracteriza por una gran concentración de capitales. Este mercado altamente competitivo propone a las empresas el desafío constante de aplicar todas las herramientas que estén a su alcance para seguir posicionadas en el mercado.

Como consumidores, ¿qué priorizamos a la hora de elegir un producto? Por supuesto, que en líneas generales, argumentamos que éste cumple con los requisitos para satisfacer al comprador. En este sentido, nos encontramos frente a un nuevo paradigma del consumo, y es el de la lógica del placer. Queremos adquirir un producto porque nos genera una sensación placentera, satisface mi necesidad como comprador.

Entonces, la relevancia del producto en el contexto de la estrategia de marketing de la empresa, constituye el núcleo de la gestión, siendo el elemento más importante y el eje entorno al cual se diseñarán el resto de las estrategias.

Pero las empresas no deben caer en el error que Levitt define como "miopía del marketing". Esta es, la tendencia a centrar la atención en el producto en sí mismo y no en la satisfacción que está produciendo en el consumidor.

Si bien el producto es lo tangible, no debe considerarse como un atributo aislado, dado que, desde la óptica del marketing se señala que, lo que el comprador busca no es el bien, sino el servicio que ese bien es susceptible de prestar.

Podemos decir que el producto es definido como todo aquello capaz de satisfacer alguna necesidad del comprador. Teniendo en cuenta los aspectos objetivos del producto, el consumidor lo puede elegir por su especificación física, precio, envoltorio. Pero una cualidad importante que no hay que dejar de lado son los aspectos subjetivos. Estos son: la reputación, imagen de la empresa, creatividad por parte del vendedor para ofrecer el producto.

Las empresas deben saber que los aspectos subjetivos son los que la van a distinguir del resto. El cliente siempre va a adquirir el producto por el servicio concreto que le presta.

El Marketing Estratégico Y El Mix De Marketing

Aplicando el marketing estratégico, las empresas analizan las necesidades del mercado para orientar a la empresa a medio y largo plazo en el desarrollo de estrategias que se adapten a los distintos mercados y que representen un potencial de crecimiento y rentabilidad.

Entendemos al marketing como un sistema de pensamiento, por la cual una empresa identifica las necesidades de sus clientes con el objetivo de satisfacerlas, mediante la entrega de un producto, bien o servicio, que pueda ser adquirido en el momento adecuado y en el lugar preciso a un precio aceptable.

Existen cuatro elementos que conforman el denominado

mix de marketing: producto, precio, distribución y promoción. Según Schultz, existe una evolución en este nuevo marketing y es en función de la importancia del consumidor, en donde las estrategias de marketing son más personales dado que hacen hincapié fundamental en el cliente. Podríamos hablar de las 4C: el consumidor, el costo para el consumidor, conveniencia en la disponibilidad del producto y comunicación.

En palabras del publicista David Ogilvy: "…la esposa de usted es un consumidor. Será un insulto a su inteligencia el suponer que un sencillo slogan y unas cuantas superficialidades, a base de adjetivos, la induzcan a comprar alguna cosa. Ella necesita toda la información que pueda dársele…"

En 1980, la comunicación empieza a tener un rol fuerte, muchas empresas acuden a contratar consultoras en comunicación, debido a las transformaciones socioculturales, la economía globalizada, la aparición de infinidad de marcas. El comunicador ofrece servicios de posicionamiento, elaboración de planes de comunicación externa y/o interna, estrategias de marketing y publicidad, creación de productos comunicacionales que favorezcan la circulación de productos de la empresa. Con esto quiero decir: las empresas actuales reciben un llamado a la imaginación, en donde, ante la sobrecarga de información, va a subsistir la más fuerte, la que supere crisis, la elegida por los consumidores por los productos y servicios que le ofrezcan, la más creativa y la que se reinvente día a día.

Fuentes:

-Adriana Amado Suarez y Carlos Castro Zuñeda. "Comunicaciones Públicas". Temas grupo Editorial.

-Adrián, Dib Chagra. "Introducción al marketing". Capítulo 1 y 5.

Acerca de la autora

Comunicación Social de la Universidad Nacional de La Plata, Buenos Aires, Argentina.

EL ROL DE LAS RELACIONES PÚBLICAS FRENTE A LA PANDEMIA -COVID19

¿Cuál es el papel que juegan las Relaciones Públicas frente a la pandemia coronavirus (Covid-19) dentro en las organizaciones? Conversamos con la Pte. de ALARP Panamá, Marisol Acosta.

PodCastDIRCOM

¿Dónde deseas escucharlo? Apple Podcasts | Android | Correo electrónico | Google Podcasts | Spotify | RSS | Más

Suscribe al PodCast DIRCOM y no pierdas ninguna novedad.

O puedes verlo en el Canal de Grupo DIRCOM en YouTube en: www.dircom.tv

Si lo deseas puedes ir al momento exacto del video que te

interese:

- 00:14 Marisol Acosta
- 02:03 ¿Qué papel juegan las RR.PP. en las organizaciones?
- 02:21 ¿Qué son las Relaciones Públicas y para qué sirven?
- 04:19 ¿Cómo asesorar a empresas que desvinculan a sus empleados?
- 07:57 Público Interno
- 08:30 informar constantemente. Ejemplo Panamá.
- 09:40 Público interno afectados emocionalmente.
- 11:11 ¿Cómo deben proteger las organizaciones a sus colaboradores?
- 13:04 Contacto permanente con los públicos internos.

LA SEGMENTACIÓN ¿LE DICE "ADIÓS" A LAS VARIABLES DURAS?

Julieta Alperowicz (Argentina)

Siempre le enseñamos a nuestros alumnos que para "todo" hay que segmentar: cuando lanzamos un producto, un servicio, al fijar un precio, al definir estrategias de comunicación, al determinar un canal de distribución para que el producto finalmente llegue a manos del comprador..., en fin, insistimos que "no todo es para todo el mundo", de aquí el valor y la importancia de pensar estratégicamente cada paso del mercado.

Si bien esta afirmación es correcta -ya lo decía Philip Kotler al sostener que "...las empresas reconocen que no pueden atraer a todos los compradores del mercado, o al menos no en la misma forma", propongo un análisis acerca de la continuidad de las variables duras de segmentación en el contexto actual que nos encontramos dado por la multiplicidad de productos destinados a segmentos de mercado definidos por variables actitudinales cada vez más marcadas.

Diferenciemos las variables duras de las variables blandas. Las primeras están conformadas por las variables geográficas (región, tamaño de la ciudad, densidad y clima) y las demográficas (sexo, edad, tamaño de la familia, ciclo de vida familiar, ingreso, ocupación, educación, religión, raza, nacionalidad). Por otro lado, las variables blandas se refieren a las conductuales (ocasión de compra, beneficios buscados, estado del usuario, tasa de uso, estado de lealtad, estado de preparación, sensibilidad al factor marketing) y a las psicográficas donde podemos definir a un usuario catalogándolo de acuerdo a su estilo de vida, personalidad y hasta otorgándole una división social, "regalándole" un estereotipo que logrará que el consumidor se sienta inmerso en las famosas tirbus urbanas.

Con esta explicación de las variables, vale la pena aclarar que no dejamos de tener en cuenta las variables duras de segmentación, pero cada vez más priorizamos las blandas, acercándonos al concepto de insight: percepción clara y profunda de una situación donde se develan verdades desnudas del consumidor y sus formas de pensar, sentir o actuar reveladoras que generan oportunidades de innovación, branding y comunicación accionable para las empresas, convirtiéndose en una verdad colectiva (no individual).

Hoy en día en las agencias de publicidad se reciben briefs donde se describe al target a través del concepto de insight, dejando implícitas –y por qué no ocultas- las variables duras. Esto puede deberse a que dichas variables ya fueron descriptas en una estrategia de marketing elaborada por el anunciante o porque simplemente, como sigo sosteniendo en este escrito, ya ocupan el 10% de su descripción, y hasta me atrevo a afirmar que estas variables han quedado obsoletas frente a la forma "divertida" que los alumnos llaman a una caracterización actitudinal de los segmentos de mercado: qué medios consumen, qué marcas prefieren, qué lugares de esparcimiento y ocio frecuentan, con qué líderes de opinión se identifican.

"Insight": percepción clara y profunda de una situación donde se develan verdades desnudas del consumidor y sus formas de pensar, sentir o actuar reveladoras que generan oportunidades de innovación, branding y comunicación accionable para las empresas, convirtiéndose en una verdad colectiva (no individual).

En el último tiempo hablamos de las famosas tribus urbanas,

nichos de mercado caracterizados por cualidades bien marcadas típicas de un comportamiento actitudinal, como ser los emos, los dark, las barbies y los más antiguos rastafaris. Hoy en día podemos encontrarnos con los hippies 3.0, aquellos grupos de jóvenes mochileras que deciden vivir una "aventura" en lugares del Sur de nuestro país como San Martín de los Andes y Villa La Angostura intentando pasar las noches en carpa pero buscando constantemente señal para comunicarse con su majestuoso Iphone, lookeadas con un buzo GAP o FOX y disfrutando de los consumos que su tarjeta de crédito VISA les permite; y con las denominadas "mamás calzitas", tribu creada por un grupo de ex alumnos que definieron a este grupo enfatizando también en las variables blandas: aquellas madres cuya única función radica en ir a buscar a sus hijos al jardín de infantes en su lujosa camioneta que estacionan en doble fila, uniformadas con remerita y calzita, atuendo obligado para sus clases de pilates.

El siguiente artículo no pretende echar tierra sobre las variables duras de segmentación, sino plantear el interrogante de si hoy en día no priorizamos las otras variables que nos permiten definir un segmento de forma más creativa y obedeciendo los lineamientos del mercado, mercado que también obliga, de forma satisfactoria, a los departamentos de Recursos Humanos a evaluar a sus equipos de trabajo de acuerdo a lo soft y no al aspecto hard, similar a los que muchas veces escuchamos de evaluar los procesos y no los resultados.

En fin, ¿le decimos "adiós" a las variables duras?. Por mi parte, le damos la bienvenida a las variables blandas y esperamos que se permanezcan por mucho tiempo más.

Notas:

1. Kotler y Armstrong - Marketing, Versión para Latinoamérica – Ed. Pearson-Prentice Hall, 11° Edición

Acerca de la autora

Licenciada en Comunicación Social (UCES), Posgrado en Marketing y Management de la Escuela de Economía y Negocios Internacionales (UB). Profesora en la Universidad de Ciencias Empresariales y Sociales y en la Universidad Austral. Capacitadora in company. Consultora en marketing y comunicación. Asesoría en instituciones de educación no formal.

SEGMENTACIÓN DE PÚBLICOS

❚❚ La mayoría de los problemas de las relaciones públicas se originan en una falta de Segmentación de Públicos. Mensajes dirigidos a un público genérico. Carlos Bonilla brinda datos y cómo hacer.

PodCast DIRCOM

¿Dónde deseas escucharlo? Apple Podcasts | Android | Correo electrónico | Google Podcasts | Spotify | RSS | Más

Suscribe al PodCast DIRCOM y no pierdas ninguna novedad.

O puedes verlo en el Canal de Grupo DIRCOM en YouTube en: www.dircom.tv

Si lo deseas puedes ir al momento exacto del video que te interese:

00:10 Introducción
00:45 ¿Qué es la Segmentación de Públicos?

02:50 ¿Por qué es importante dividir los públicos?
04:27 Hipersegmentación
05:27 La Comunicación es afectación
05:53 Identificar públicos
09:18 Ejemplo de crisis por no identificar públicos
10:58 ¿Cuándo identificar públicos?
12:27 ¿Las empresas interactúan con sus públicos?
15:02 Estamos en la era de la conversación
18:00 Nuevos receptores - Adaptarse a los públicos
19:24 Ejemplo de la La OMS en Tik Tok adaptándose
21:03 Omnicanalidad

◆ ◆ ◆

SEGMENTACIÓN DE MERCADO: CÓMO SEDUCIR A LOS NUEVOS PÚBLICOS

Marisa Ester Ruiz (Argentina)

En los últimos años, hemos visto aparecer cada vez y con más frecuencia, distintos tipos de productos decididos a atraer primero y fidelizar después, a un público consumidor cada vez más exigente a la hora de elegir. No es casualidad que estos bienes "de diseño" se expandan con la rapidez de un rayo a la hora de seducir en la góndola, vidriera o donde Ud. lo imagine.

Modas, culturas, políticas, y el avance del conocimiento, conduce y provoca estos cambios en la oferta y la demanda. Las empresas ofertan, los consumidores demandan. La pregunta es: ¿A quién le venderemos nuestro próximo bien de consumo?

Para lograr tener éxito en un emprendimiento se debe conocer profundamente el DAFO de la organización y de esta manera poder realizar una segmentación de mercado acorde a las necesidades organizacionales.

Lo primero que se debe tener presente, es que los consumidores no conforman un grupo homogéneo, y la segmentación de mercado es un proceso por el cual las organizaciones tienen la capacidad de subdividir su plaza comercial unificando sus características y necesidades pudiendo identificar ventajas y desventajas frente a la competencia, y de esta manera optimizar mensajes comunicacionales seleccionando aquellos segmentos acordes a sus características.

Existen diferentes maneras de segmentar un mercado, pues

segmentar a lectores por color de cabello no resulta útil para una librería, pero podría resultar necesario para el lanzamiento de una nueva tintura.

Con el correr de las diferentes experiencias, las organizaciones toman conciencia de la importancia de realizar una segmentación de mercado, y de esta manera diseñar y ejecutar una campaña comunicacional acorde a las necesidades específicas de cada segmento. Esto requiere de un estudio donde se pueda explorar el mercado, analizarlo, y esta investigación puede arrojar datos interesantes, por ejemplo que una zona de la ciudad con gran afluencia de adolescentes, carece de una casa de comidas rápidas.

Luego de este análisis, las organizaciones cuentan con diferentes métodos para la implementación de la investigación:

- Concentrada: buscar el mayor nicho del mercado.

- Indiferenciada: diseñar el producto y/o servicio para una gran cantidad de consumidores sin tener en cuenta la segmentación.

- Diferenciada: diseñar los productos y/o servicios de manera específica para cada consumidor.

Existen diferentes dimensiones de segmentación de mercados, las cuales pueden y deben ser combinadas de acuerdo a las necesidades de cada organización.

- Geográfica: permite dividir el mercado no solo por país, región, ciudades, municipio, comunas o barrios, también puede realizarse por clima. Una empresa multinacional que fabrica y comercializa protector solar, no realiza las publicidades de igual manera en una región donde las cuatro estaciones son bien diferenciadas que en una región donde prevalece el verano.

- Psicográfica: permite diferenciar a los consumidores de acuerdo a su clase social, personalidad, estilo de vida. Las afamadas coupes italianas de color rojo, apuntan solo a un determinado tipo de consumidores, a una determinada clase social.

- Demográfica: permite dividir a los consumidores de acuerdo a su sexo, edad, ocupación, estado civil, educación. Las publicidades de desodorantes personales apuntan a un determinado sexo.

- Conductual: esta segmentación se basa en el comportamiento y actitudes de los consumidores con relación al producto, utilización, deseos, frecuencia de uso. Las empresas que fabrican pan dulce realizan más producción para el último mes del año.

- Multiatributo: se agrupan diversos segmentos para formar uno nuevo que se adapte y contenga las características que necesita la organización.

La segmentación de mercado debe estar al servicio de las organizaciones y es una herramienta indispensable, ayuda a identificar diferentes nichos, identificar correctamente a los actuales y descubrir nuevos. Es una actividad que debe realizarse periódicamente, los mercados cambian continuamente, de ahí la importancia de que se realice de manera efectiva, continua y eligiendo la segmentación acorde a las características y necesidades de cada empresa y producto y/o servicio.

Referencias Bibliográficas:

Kinnear, T. C. y Taylor, J. R. (1998), Investigación de Mercados, 5ª ed., McGraw-Hill International.

Kotler Fhilip y Armstrong Gary (2008) Fundamentos de Marketing, 8va Edición. Pearson Educación, México

Acerca de la autora

Licenciada en Relaciones Públicas e Institucionales, y Magister en Comunicación. Se inició laboralmente en Diario Clarín, donde trabajó durante 17 años. En la actualidad coordina y diserta en seminarios y talleres de capacitación, es docente universitaria y directora de Kyosei (Consultora de Relaciones Públicas, Comunicación e Imagen)

Pagina Web: http://kyoseigroup.wordpress.com/

¿QUÉ ES EL PENSAMIENTO ESTRATÉGICO?

L a Dra. Sandra Orjuela Córdoba explica ¿qué es el Pensamiento Estratégico, su definición y requisitos; personalidad, hábitos y características que debe tener un estratega.

PodCast DIRCOM

¿Dónde deseas escucharlo? Apple Podcasts | Android | Correo electrónico | Google Podcasts | Spotify | RSS | Más

Suscribe al PodCast DIRCOM y no pierdas ninguna novedad.

O puedes verlo en el Canal de Grupo DIRCOM en YouTube en: www.dircom.tv

Si lo deseas puedes ir al momento exacto del video que te interese:

◆ ◆ ◆

EL MARKETING DE GUERRILLA: LA NUEVA FORMA DE ATRAPAR AL CONSUMIDOR

Florencia Rubino (Argentina)

¿Cómo se modificaría el vínculo con una marca si cuando una persona se sienta en el banco de la parada de colectivo la harían divertir con una peluca dibujada?

¿Difícil de imaginar? Así lo hizo una discográfica brasilera, para promocionar la "música de negros", como lo describen. Como se muestra en la imagen, dibujaron una cabeza con peinado afro en la pared de la parada de colectivos a 50cm del asiento.

El efecto visual que genera es que cuando una persona se sienta a esperar el colectivo, la cara le coincide justo con el dibujo de un peinado afro pareciendo que la persona lleva una peluca. Esta acción está acompañada por una frase escrita que dice "Tudo sobre black músic" -Todo sobre la música de negros.

El concepto de marketing de guerrilla fue inventado como un sistema no convencional de promociones que se basa en el tiempo, la energía, la imaginación y un toque humorístico para llamar la atención del público, en lugar de un alto presupuesto y acciones tradicionales de marketing. Surgió como alternativa publicitaria en empresas pequeñas y organizaciones no gubernamentales que no contaban con suficientes recursos como para acceder a los medios masivos de comunicación.

El termino marketing de guerrilla fue acuñado en 1984 con la publicación del libro Guerrilla Marketing: "Secrets for Making Big Profits from Your Small Business",- "Mar-

keting de Guerrilla: Secretos para obtener grandes ganancias a partir de tu pequeña empresa". Escrito por Jay Conrad Levinson, el fundador de esta técnica. El lema es máximo impacto, mínima inversión.

Bien planificada, esta modalidad persigue captar la atención tanto del consumidor como de los generadores de opiniones (medios de comunicación masiva, líderes de opinión y especialistas), logrando un efecto multiplicador sin costos adicionales. Las acciones del marketing de guerrilla ocurren en espacios públicos: como centros comerciales, subtes o en la calle, y después pasan a la red donde, si tienen éxito, se convierten en virales. Son acciones que van mucho más allá de la acción en sí y el momento propio e inmediato de la misma. Son acciones que se multiplican de boca en boca y si están bien diseñadas, con su ingenio y creatividad, logran la atención de los medios masivos y miles de reportajes y entrevistas que serán vistas por millones de personas. Por ende, se realiza una acción, con bajo presupuesto y alta creatividad para pocas personas, pero que al fin y al cabo, llegará a miles de consumidores y potenciales consumidores.

Análisis De Casos

FeedSA (Africa) y Hopi Hari (Brasil):

FeedSA es una ONG que trabaja en Sudáfrica y se dedica a ayudar a los niños en condiciones de pobreza y desventaja. Como ya sabemos, uno de los problemas sociales más importantes de este continente es la diferencia social existente. La cantidad de familias que no cuentan con un hogar y viven en situaciones deplorables, sin cloacas ni agua potable es cada vez mayor.

TBWA, una agencia de comunicaciones en Johannesburgo,

Sudáfrica, fue contratada por FeedSA con el objetivo de concientizar y cambiar las actitudes de los habitantes y turistas de la zona. Aprovechó la realización del mundial de futbol para realizar una campaña de marketing de guerrilla que consistió en colocar una pieza adhesiva en el fondo de los carritos de supermercado con imágenes de niños en situación de pobreza con las manos extendidas en actitud de petición. Esta acción fue acompañada por una frase escrita en la barra de conducción del carro que decía: "¿Ves qué fácil puede ser alimentar a los hambrientos?". Mirá la imagen y reflexioná. El efecto visual que genera en el consumidor es que al colocar cualquier alimento en el fondo del carrito hacía sentirlos como si se los estuviera entregando a ellos, lo que transmitía una sensación de tristeza y alarma al mismo tiempo. El mensaje que deja en el comprador es muy directo y apela a las emociones para generar conciencia de la situación. La cara del niño despierta sensaciones en quien lo ve que impide que pase desapercibido.

Éstos, son algunos ejemplos de como el marketing de guerrilla puede ser utilizado para diferentes fines, como la concientización de determinada situación, principalmente para las ONG (Organizaciones no gubernamentales), difusión de una nueva actividad etc.

Por otro lado, vemos que también se pueden promocionar nuevos productos, series o lanzamientos. Por ejemplo, la acción de guerrilla realizada por el parque de diversiones Hopi Hari de Brasil, que para difundir la apertura de la montaña rusa más grande del país, no tuvo mejor idea que hacer uso apropiado de las escaleras mecánicas. ¿Suena loco? Mirá la imagen y pensá si no te causaría gracia y ganas de visitar el parque. Vistas desde el piso de abajo, se podían ver pintados en las paredes de los escalones a dos personas muy excitadas en las sillas del juego revoleando los brazos hacia arriba demostrando pura diversión. En el comienzo y fin de la escalera había una frase que dice "Divirta se n la montanha russa do hopi hari" – Diviétrase en la montaña rusa de Hopi Hari.

Como vemos, de esto se trata el marketing de guerrilla. De realizar acciones estratégicamente planeadas de un alto impacto visual, a un muy bajo costo, con el fin de sorprender al público "ocasional". Como consecuencia se genera en el público un alto poder de recordación de marca.

Lo que logra esta técnica es tomar por sorpresa al público y por ende generar una mayor aproximación al consumidor. ¿Efectos? genera y mantiene un vínculo a largo plazo con el consumidor, consigue que él mismo recuerde y tenga presente a la marca al momento de la decisión de compra y finalmente, logra un mayor grado de respuesta del público y una mayor predisposición para consumirla.

> *El marketing de guerrilla se vale de mucho ingenio ya que, si bien son intervenciones urbanas, hay que tener mucho cuidado de los espacios, soportes y objetos que se intervienen porque, al no ser estudiados con mucha precaución, pueden causar una contra-publicidad y lograr el efecto contrario al que se desea, en el caso de que los espectadores interpreten la intervención como un daño público.*

¿Qué Sucede Hoy En Día?

Estamos viviendo en una etapa en la cual los consumidores están cansados de tantos avisos publicitarios convencionales que los invaden en su día a día. Por lo tanto, ya no llaman su atención y no logran el efecto deseado. Años atrás, tan solo un pequeño porcentaje de publicidades se transmitían por los canales tradicionales de comunicación, radio, televisión y diario, llegaban a gran parte de la población y tenían grandes efectos. Hoy día, estos mismos canales se encuentran saturados de comerciales y los consumidores también lo están. Las razones son varias, puede ser por el Narrowcasting, (la fragmentación de medios), la pérdida de determinados públicos, el cansancio de los consumidores por el exceso repetitivo de publicidades y su consecuente acción de "ad skipping", entre otras. Por ello es importante que las empresas comiencen a tomar conciencia de que estamos viviendo un cambio de era en cuestiones comunicativas y es hora de se concienticen sobre esta situación y busquen alternativas a los canales masivos para centrarse en los no convencionales. La innovación y otras técnicas alternativas de publicidad y marketing son la solución.

Características generales del marketing de guerrilla:

- Creatividad y utilización de medios no convencionales

- Creación / fortificación de la relación con el consumidor / prosumidor

- Se basa en la psicología humana

- Prioriza la relación con el consumidor, no las propiedades del producto

- Utiliza herramientas del marketing, publicidad y relaciones públicas

Positivas:

- Es accesible para pequeñas y medianas empresas ya que no requiere de grandes inversiones

- Establece una comunicación directa.

- Concentra las acciones. Al estar dirigido a un sector reducido y específico

- Permite acciones de Innovación y creatividad infinita.

Negativas:

- Los resultados y alcance son difíciles de medir

- El efecto es de corta duración

- Los bajos costos son relativos. Las acciones deben ser

constantes, abarcar todos los medios posibles al alcance y estar diseñadas por un equipo especializado. Aquí los factores tiempo, recursos y honorarios, pueden llegar a cifras poco solidarias

Se podría llegar a la conclusión de que todo es posible en el marketing de guerrilla. Sus propuestas son infinitas y diversas. Con mucha creatividad, innovación y pensamiento lateral, se puede marcar la diferencia y lograr la efectividad que se desea. Sólo hay que tener muy en claro que no se trata de salir a la calle y pintar las paredes. Todo debe girar en torno a una estrategia planeada en función de los objetivos. ¿El valor del producto? que el mensaje conecte con el público al que va dirigido, que sea creativo y que llegue al receptor de manera original.

Vos: ¿Te animas a hacer una campaña de Marketing de guerrilla?

Acerca de la autora

Lic. en Relaciones Públicas de la Universidad del Salvador. Asistente de Comunicación Institucional, RSE Y Asuntos Públicos en CICODI. (Centro de Integración, Cooperación y Desarrollo Internacional America Latina). Asistente de prensa de Quásar Comunicaciones en el Vll Congreso de Educación (2012)

COMUNICACIÓN DE LAS MARCAS EN CRISIS

La situación de las Marcas y la crisis por culpa de la pandemia. Xiomara Herrera desde El Salvador relata los detalles del presente y cómo continuar pos cuarentena.

PodCast DIRCOM

¿Dónde deseas escucharlo? Apple Podcasts | Android | Correo electrónico | Google Podcasts | Spotify | RSS | Más

Suscribe al PodCast DIRCOM y no pierdas ninguna novedad.

O puedes verlo en el Canal de Grupo DIRCOM en YouTube en: www.dircom.tv

Si lo deseas puedes ir al momento exacto del video que te interese:

00:00 Introducción
02:20 ¿Qué pasó con las marcas?
04:03 ¿Las marcas podían cambiar o quedaron paralizadas?
05:26 Marcas egoístas no solidarias
06:53 Las Marcas deben ser consciente del Ser Humano.
07:58 Nueva realidad post pandemia
08:47 Nuevo Consumidor
10:07 ¿Qué deben hacer las Marcas ante el nuevo escenario?
10:44 ¿Cuál es el propósito de las Marcas?
11:28 Replanteo de las Marcas
12:12 Humanizar la Marca hacia adentro y hacia afuera

LA IMPORTANCIA DE LA COMUNICACIÓN EN EL MARKETING INTERNO

Alejandro Prats (Argentina)

Toda organización que se precie de tal debe trabajar sobre sus propios cimientos, para ello una de las premisas que no pueden evadirse es el tratamiento de la comunicación interna dentro de la empresa, establecer el plan de comunicación para transmitir políticas, objetivos y acciones. Si la empresa u organización comprende que su primer cliente es su empleado y que la comunicación que lleve adelante para él y con él es de vital importancia tendrá un gran paso dado hacia la concreción de obtener óptimos resultados, dando lugar así a un proceso de trabajo donde se logren las ideas, objetivos y políticas establecidas inicialmente.

El papel que desarrollan los empleados dentro de las empresas es primordial para poder alcanzar el éxito pero sucede que observando la casuística que se nos presenta a diario pareciera que esta idea es algo que se da por sentado, es algo que se dice pero en realidad se piensa?! Los empresarios, los altos mandos y directivos de las empresas ¿comprenden verdaderamente el rol de las personas dentro de las organizaciones? ¿Asimilan que son vínculos que se entrelazan no sólo desde lo laboral sino también desde lo afectivo, lo emocional? Entrando en juego las emociones y percepciones, sensaciones, miedos, dudas, certezas…Para trabajar la idea de la comunicación dentro de las organizaciones es necesario profundizar la manera en que se comportan las personas en la vida cotidiana.

Para ello se hará referencia a los conceptos vertidos por

Erving Goffman en su libro Actuaciones, la presentación de la persona en la vida cotidiana. Goffman (1994) refiere en este texto a la confianza que tiene cada individuo en el papel que desempeña en y ante una sociedad determinada. Da cuenta que cuando un individuo lleva adelante un papel está pidiendo a sus observadores que tomen como verdadero la imagen que se da ante ellos. En este artículo se abordará el tratamiento de la comunicación interna en una organización partiendo de la noción de que toda acción individual debe ser insertada en una sociedad, por lo tanto el comportamiento de las personas dentro de las empresas debe ser tratado como todo acto comunicativo que se produce entre varios individuos con diferentes personalidades, sensaciones y pensamientos pero con un sólo fin en común al pertenecer a una organización o empresa determinada: la búsqueda del cumplimiento de los objetivos trazados y establecidos por la empresa.

Siguiendo esta línea de pensamiento Goffman (1994) manifiesta:

...en el acto comunicativo se produce una interacción entre varios individuos, interacción que se da en el orden de lo simbólico que construye las diversas instancias de las redes sociales. Cuando se concibe la comunicación como actividad social, se coloca un mecanismo de orden superior por encima de la comunicación (inter)individual. Cada acto de transmisión de mensaje se integra a una matriz mucho más vasta. Esta matriz, que recibe el tan vapuleado nombre de comunicación social, constituye el conjunto de los códigos y las reglas que hacen posible y mantienen en la regularidad y la previsibilidad las interacciones y las relaciones entre los miembros de una misma cultura. Así concebida, la comunicación en la sociedad es pues permanente: no se sostiene en la acción de un individuo, aquella que remite linealmente a un mensaje emitido y/o decodificado; más claramente, permite que la acción individual se inserte en una continuidad. El individuo es visto como un "actor social", como un participante de una entidad que lo subsume. Las actividades comunicativas son actividades de control, de confirmación, de "integración", donde la re-

dundancia juega un papel importante. (p.46).

Una organización contiene una determinada cultura, por eso los miembros deben recibir un mensaje claro, específico y que tenga sentido entre todos los que conforman la empresa. El endomarketing debe estar signado por una comunicación que desde la Dirección de la empresa refleje una estrategia. Entonces será necesario pensar y encuadrar la política de comunicación interna a seguir. Por eso tomando las palabras expresadas en el párrafo anterior por Goffman entendemos el accionar comunicativo como actividad de control, pero también de confirmación y de integración dentro de una organización. La verdadera integración se logrará si aquello que se transmite al personal como normativas, objetivos y necesidades se lleva acabo de manera clara, sin contradicciones ni pasos en falso. El accionar de cada individuo, que para nosotros será cada empleado, estará concatenado con el accionar del resto de sus compañeros dando sentido al funcionamiento de la empresa.

El autor también expresa: "la redundancia es uno de los mecanismos por los cuales se sostiene y se afirma el hilo de la comunicación. Se trata de enunciados verbales o de gestos que permiten la continuidad del acto comunicacional, por medio de la reiteración de conceptos o enunciados ya emitidos o de la explicitación aparentemente innecesaria de ideas implícitas en esa interacción" (p.47)

La existencia de reglas implícitas permite hablar de la noción de contrato, pacto o acuerdo de comunicación, también por lo general, implícito en el juego de la interacción. Para entender a que refiere un contrato de comunicación hay que recordar la diferenciación entre lo dicho (enunciado) y las modalidades del decir (enunciación), donde las modalidades del decir construyen el dispositivo de enunciación, a saber: la imagen del que habla, o sea, el enunciador; la imagen del destinatario del discurso; la relación entre enunciador y destinatario, que son entidades discursivas a las que hay que distinguir del emisor real y del receptor real. Todo soporte de interacción contiene su dispositivo de enunciación, al que se denomina contrato o pacto de comunicación. Es en este pacto en donde se dirimirá el compromiso que alcanzará cada integrante de una organización a la hora de llevar adelante sus tareas, siempre en contacto directo con el resto de sus compañeros y de la compañía.

Es sabido que las mayores dificultades en las empresas se dan internamente cuando entre los diferentes sectores, secciones o departamentos de una organización determinada no logran hablar el mismo idioma, no comprenden que la cultura de la empresa debería ser la misma para todos.

Esto se debe a que la comunicación desde la Dirección no ha sido bien implementada. Los mandos medios tienen un rol importante ya que deben transmitir la estrategia de la Dirección a seguir y si la misma no es bien transmitida surgen los ruidos en la comunicación. Y como sabemos esto repercute en el vínculo de los empleados y de las distintas áreas de trabajo. Sucediéndose una serie de incomunicaciones, inequívocos que siempre repercuten en el cliente externo, socavando la identidad y la imagen corporativa. Como consecuencia se ven afectados el cumplimiento del plan de negocios y la rentabilidad.

En estas épocas donde el rol del cliente es absolutamente activo, se debe entender que la capacitación constante para los empleados es decisiva. La información debe circular cuando así se lo desea por todos los sectores de la empresa para no generar quiebres entre los distintos sectores que a la hora de tratar con el cliente quedarán mal expuestos ante una demanda específica. Y esto tiene su punto de partida en la comunicación. Y más aún en la gestión de las actitudes.

La gestión de las actitudes y el rol del líder en las organizaciones

En este apartado continuamos transitando el camino de la comunicación puertas adentro, el branding interno que posibilite traspasar con claridad y eficiencia el umbral de la empresa para llegar a cada cliente y lograr esa diferenciación que hará que una organización logre posicionarse por encima de otras. El valor que genere internamente será el que los ubicará en el mercado con una verdadera ventaja competitiva. Para lograrlo la organización debe contar con líderes capaces de realizar la tarea –nada sencilla por cierto- de bajar al personal los lineamientos fundamentales que han sido trazados por la Dirección de la empresa, su trabajo será establecer una comunicación fluida, inclusiva sobre todo. ¿Qué se quiere decir al mencionar la palabra inclusiva? Que se debe trabajar sobre todas las áreas de la empresa y con cada integrante. Cada individuo, cada empleado, como dijimos antes, está vinculado con otro, inserto en un sector y en una tarea que a su vez se vincula directamente o indirectamente con otros sectores. Para que estos funcionen a la hora del trabajo cotidiano y puedan lograr minimizar el grado de conflictividad, el líder deberá realizar una correcta y efectiva gestión de las actitudes. La manera en que los integrantes de una organización llevan adelante sus roles es y será vital. Y para ello la racionalidad discursiva y la actitud dialógica será necesaria para lograr unir intereses individuales con intereses grupales. Cuando se entabla una comunicación, en este caso podemos decir un diálogo es menester poder arribar a un entendimiento de índole universalista. Traspolándolo a nuestro objeto de análisis diremos que el entendimiento tiene que darse en beneficio de la organización. Siempre previamente gestionando las actitudes desde lo individual para llegar a lo general. Arribar a intereses de carácter universal, lo cual se relaciona con aquello que todos podrían llegar a querer como organización, como empresa. En este punto entendemos que radica el mayor de los conflictos dentro de las organizaciones a la hora de gestionar una correcta comunicación, muchas veces las empresas subestiman el rol de los líderes para con su gente. La acción comunicativa exacta entre un orador y sus interlocutores se vislumbra en pos del entendimiento mutuo del acuerdo tácito entre ambos. Que incluye el respeto, la solidaridad y la intención de permitirle al otro que se exprese y exponga sus razones. La percepción o intuición por parte del líder a la hora de construir su discurso, su verdad, en tanto esta represente la verdad de la empresa conlleva una responsabilidad sobre lo dicho. Responsabilidad que comienza cuando el líder debe escuchar las necesidades de la Dirección de la empresa, ponerlas en práctica al mismo momento que debe trasmitirlas a los empleados, con quien a su vez deberá tener una actitud de diálogo como ya expresamos anteriormente. Permitiendo así lograr una eficaz política de comunicación interna.

Branding Interno

A la hora de pensar en promocionar los valores de la marca y la identidad e imagen corporativa de una compañía entre sus empleados como primer paso es pertinente profundizar en lo expresado en este escrito. Para comprender más sobre el tema introducimos a Kotler (1998) que presenta una reseña del manejo de las relaciones con los empleados de la cadena de hoteles Ritz-Carlton.

"Cuando se presenta con los nuevos empleados, el presidente del hotel dice: "Mi nombre es Horst Schulze. Soy el presidente y soy una persona muy importante aquí". Después de unos segundos, continúa: "Pero usted también lo es. De hecho, usted es más importante para los clientes que yo. Si usted no se presenta a trabajar, estamos en problemas. Si yo no me presento, creo que nadie lo notaría." Según Kotler "estos comentarios reflejan la actitud del señor Schulze y su pensamiento acerca de que los empleados son el componente decisivo en el servicio de la calidad. Por consiguiente, Ritz Carlton selecciona con mucho cuidado sólo a los aspirantes con actitud solícita apropiada. Por cada nuevo empleado en una sesión preliminar de orientación, otros 10 solicitaron el puesto, de modo que se dice que a los empleados que no fueron contratados, sino seleccionados. Una vez seleccionado, cada empleado aprende la cultura corporativa del hotel, con una extensa capacitación en el trabajo, que da como resultado la certificación del puesto." (p. 600)

Esta cita nos permite observar de qué manera las corporaciones que piensan en sus empleados y su relación con ellos logran alcanzar los niveles de calidad buscados, el verdadero sentido de trabajo se debe buscar en el interior de la organización y la manera en que se trata, informa, estimula a su gente. Como menciona Kotler todo se vincula a la cultura corporativa, si verdaderamente se trabaja para capacitar al personal, si se implementan acciones concretas para sondear qué sucede con nuestros empleados en cada sector, área o departamento permitiendo que las necesidades, problemas e incertidumbres de ellos puedan conocerse, seguramente esta información hará que la comunicación interna resulte una herramienta efectiva y confiable para luego poder alcanzar el posicionamiento deseado en el mercado por parte de la organización.

Mercadotecnia Del Sentido De La Misión

Un aporte más para abordar y desentrañar la cuestión de la comunicación en las empresas, el endomarketing que resulta muchas veces contradictorio entre la teoría y la puesta en práctica del mismo, mencionaremos a Kotler (1998) y su aporte a través de la mercadotecnia del sentido de la misión que:

...significa que la compañía debe definir su misión en términos sociales amplios, más que en los términos limitados del producto. Cuando una compañía define una misión social, los empleados se sienten mejor acerca de su trabajo y tienen un sentido más claro de la dirección."(p. 576)

En este sentido el autor menciona el ejemplo de varias empresas que tienen en común un pensamiento, una filosofía con la cual expresan "…somos responsables hacia nuestros empleados, los hombres y mujeres que trabajan para nosotros en todo el mundo. Debemos considerar a todos como individuos, debemos respetar su dignidad y reconocer sus mérito" (p. 576)

Para ello estas organizaciones invierten tiempo en investigar, observar, escuchar y evaluar aquello concerniente a su personal. Las empresas son las encargadas desde su génesis de fomentar y transmitir entre su gente los códigos y los basamentos éticos a seguir. Kotler (1998) manifiesta que "en cualquier empresa la conducta ética debe ser una tradición, una forma de hacer negocios que se transmite de generación en generación de empleados, en todos los niveles de la organización" (p.583) Es en este aspecto que toda organización debería hacer foco, sin duda el prestigio alcanzado puertas afuera ha tenido origen en el interior de la empresa, habiendo comunicado con claridad y solvencia los puntos claves para que el personal se sienta que cuenta con las herramientas suficientes para encarar el trabajo diario.

Las Crisis En Las Pequeñas Empresas

La comunicación en momentos de crisis nos sitúa ante un desafío adicional al que enfrentarse: la posibilidad latente de la pérdida de valor de las empresas. El desgaste del vínculo comercial que mantenemos con nuestros clientes, y lo que es más preocupante, la incertidumbre de qué pasará con ellos, preguntándonos si seguirán consumiendo nuestros productos o servicios, a qué precio, bajo qué condiciones, durante cuánto tiempo. Para afrontar los diferentes estados de situación los primeros pasos a seguir parten desde el interior de la organización. A continuación algunos lineamientos:

- Preparar a los directivos de la empresa para afrontar la

crisis

- Aprender a gestionar los miedos.

- No dejarse llevar por el desencanto

- Lograr confianza en nosotros mismos y en nuestras personas.

- Trabajo en equipo descubriendo fortalezas y debilidades.

- Conocer las inquietudes, dudas y necesidades del personal de la empresa.

- Compartir problemáticas sobre casos puntuales experimentados por los empleados.

- Reunir el máximo de información posible.

- Establecer el formato de la comunicación (reuniones, conferencia de prensa, gacetillas)

- Focalizarse en el cliente y en sus necesidades

- Lograr un mensaje que de cuenta del modo de vida de los clientes.

- Definir el perfil de los clientes, dónde están y cómo piensan.

- Establecer estrategias para llegar a ellos.

- Conocer a la competencia, determinar de qué manera se trabajará para diferenciarse de ella y tomar real conocimiento del estado de crisis.

- Abordar estrategias ofensivas y defensivas para establecer qué posición tenemos en el mercado.

- Sostener una situación de liderazgo en plena crisis.

Las etapas de crisis en las empresas pequeñas y medianas obligan a establecer un plan estratégico que puedan permitirles volver a tomar vuelo rápidamente. Gironell (2009) en su libro Plan de vuelo presenta los niveles de conflictividad dentro una empresa familiar y la manera en que se decide afrontar la crisis llevando adelante la idea de " creer para ver", apostando a superar los momentos críticos en las empresas familiares, en donde se entrecruzan las lazos sanguíneos y las necesidades económicas. Sobre este tema existen expertos que trabajan a través de su experiencia y trayectoria en asesorar a aquellas empresas que se ven imposibilitadas de establecer una comunicación clara porque son absorbidos por sus emociones y conflictos personales. Asimismo Fernández (2009) desde su libro presenta un camino a seguir basado en la gestión y los cambios en etapas que van desde el análisis del entorno, la búsqueda de la innovación, la eficiencia y lo más importante como consecuencia de las anteriores: la ejecución. Es este punto donde se debe focalizar el proceso de comunicación interna, en la puesta en práctica de aquello que se piensa y se desea transmitir, como verdaderos valores que reflejen la imagen corporativa. Tratando de evitar las contradicciones entre lo que se dice y se hace, algo que sucede a menudo en las empresas familiares donde la gestión queda opacada por la fuerte presencia de los conflictos entre sus dueños que suelen ser hermanos, padres e hijos o primos. Sobre este tema Ingouville (2005) trata en su libro Del mismo lado la manera de resolver conflictos y apela a la no confrontación de unos contra otros, buscando transitar por el camino de la negociación para colocarse del mismo lado y superar los niveles de conflictividad que se presentan a diario en este tipo de empresas donde la comunicación se torna muchas veces imposible de sostener. El resultado de toda negociación debe crear valor, la figura del facilitador dentro de las organizaciones con este nivel de conflicto es una muy buena opción para lograr cambios que logren la permanencia y la sustentabilidad de la empresa.

Cierre Y Reflexiones Finales

Comenzando por dar un breve panorama de lo que sucede en las empresas cuando se trata la comunicación interna y de comprender un poco más todo acto comunicativo que privilegie los intereses grupales pero sin dejar de lado los intereses individuales sostenemos que:

En las organizaciones es vital el rol del líder para lograr una buena y eficaz comunicación que incluya a todo el personal, que permita un diálogo permanente para que los empleados puedan manifestar sus dudas y certezas como también sus fortalezas y ventajas. Comprender que cada persona tiene un aporte para hacer desde su lugar de trabajo y es allí donde se dará la gran batalla: reconocer ese valor agregado que cada empleado pone a diario desde su puesto de trabajo. Si bien en lo cotidiano detectar estas cuestiones resulta complejo será necesario que la empresa designe a la o a las personas apropiadas que por su experiencia y carisma estén preparadas para trabajar codo a codo con un grupo de personas que busca el reconocimiento. En este punto la única responsable de que el empleado se sienta reconocido o tenido en cuenta es la misma organización. Sabemos de los tiempos actuales de crisis constantes, de la vorágine a la que todos estamos sometidos, todo debe resolverse de manera rápida y sin el correcto análisis muchas veces. Debido a esto se descuida la comunicación y se desconoce qué sucede con aquellos que tienen en sus manos la realización de diversas tareas que forman parte del engranaje de toda organización. En tal sentido se trata de obtener el tan mencionado pero no siempre logrado sentido de pertenencia por parte de los empleados. Aquí es donde el accionar de la compañía deberá poner su empeño, buscar un compromiso que sólo se logrará si se comunica con la verdadera intención de llevar adelante una tarea de campo ardua y sostenida en el tiempo. Como vimos en los ejemplos citados anteriormente el tratamiento de la comunicación es importante para luego ver resultados que puedan medirse, cuantificarse en cuanto a niveles de calidad. La empresa refleja en su exterior aquello que le sucede a diario en su interior. Muchas veces se arriba a resultados negativos y se desconoce el motivo que da origen a esta situación, pero al momento de indagar con un consultor la empresa corrobora que se ha descuidado la comunicación entre su gente, partiendo a la empresa, ubicándola en un estado de situación complicado y dividido entre lo que sucede puertas adentro y la demanda del exterior. La interacción debe ser constante para que en los momentos de mayor incertidumbre se pueda salir adelante, sobre todo en los momentos de crisis que es cuando surgen las preguntas y se esperan respuestas mágicas que no llegan. Un consultor debe muchas veces indicar y establecer aquello que no se hizo durante largo tiempo en una organización, lo cual supone barajar y empezar de nuevo. Y es aquí donde se presentan los mayores conflictos: reconocer lo que no se hizo y comenzar a desarrollarlo, a través de establecer internamente la estrategia comunicacional a seguir, puntualizando la definición de objetivos, determinar la estrategia y los tiempos de todo el proceso. Dejando de lado el hermetismo, integrando ideas y conceptos, respetando la trayectoria e historia de la organización y de sus dueños-directivos pero siempre trabajando con la premisa de que esta trayectoria e historia tienen sentido gracias a que el personal aportó día a día su trabajo. Es en ellos – los empleados- y por ellos que se necesita recurrir a una comunicación sin prejuicios ni falsos temores, en búsqueda de un camino más integrador que posibilite comunicar bien para negociar mejor.

Referencias bibliográficas:

Fernández, J. (2009). Gestión en tiempos de crisis. Barcelona: Editorial Deusto

Goffman, E. (1994). Actuaciones. Buenos Aires: Editorial Amorrortu.

Goffman, E. (1970). Interaccion rituals. Buenos Aires: Editorial Tiempo Contemporáneo.

Gironell, M. (2009). Plan de vuelo. Barcelona: Editorial RBA Libros SA

Ingouville, F. (2005). Del mismo lado. Barcelona: Editorial Grijalbo.

Kotler, P. y Armstrong, G. (1998). Fundamentos de Mercadotecnia. México D. F.: Editorial Prentice-Hall Hispanoamericana S.A.

Acerca del autor

Licenciado en Ciencias de la Comunicación (UBA). Docente de Comercialización (UBA), Docente Asociado en Comercialización I y II (Universidad de Palermo), Jefe de Trabajos Prácticos en las cátedras de Auditoria de Imagen y Relaciones Institucionales y Asuntos Públicos (Universidad de Belgrano).

Dicta talleres, cursos y colabora en publicaciones en Facultad de Diseño y Comunicación (UP).

Marketing & Sales Account Manager Revista Vivienda. Especialidad en Asesoramiento Publicitario y Comunicación en medios gráficos.

◆ ◆ ◆

LAS RELACIONES PÚBLICAS Y LA DESINFORMACIÓN

¿Cómo evitar la desinformación en el ámbito de las Relaciones Públicas o en la vida en general? Maritza Mosquera, Pte. de la Confederación Interamericana de Relaciones Públicas (Confiarp), reflexiona junto al Dr. Juan José Larrea, Director del Grupo DIRCOM, y entrega pautas para reconocer y evitar la desinformación.

PodCastDIRCOM

¿Dónde deseas escucharlo? Apple Podcasts | Android | Correo electrónico | Google Podcasts | Spotify | RSS | Más

Suscribe al PodCast DIRCOM y no pierdas ninguna novedad.

O puedes verlo en el Canal de Grupo DIRCOM en YouTube en: www.dircom.tv

◆ ◆ ◆

¿QUÉ ES EL NEUROMARKETING?

Enrique Espinel (España)

Durante mucho tiempo, profesionales y expertos relacionados con el mundo de la publicidad, la comunicación y la mercadotecnia se han preguntado por las motivaciones de los clientes durante el proceso de adquisición de un producto o servicio. El objetivo de esta cuestión no es otro que conocer mejor el comportamiento de los consumidores. En este contexto, el neuromarketing se postula como el vehículo principal para llegar hasta la respuesta más acertada.

El neuromarketing consiste en la aplicación de distintas técnicas de investigación, basadas en la neurociencia, que tienen como objetivo final el estudio de las reacciones del cerebro ante los diferentes estímulos publicitarios. Nos interesa conocer cómo la parte emocional de nuestro cerebro impacta a la hora de comprar. En la mayoría de los casos, la decisión de compra del consumidor está determinada por las emociones más que por el raciocinio, por lo que el análisis de las sensaciones resulta esencial de cara a lograr una comunicación satisfactoria entre marcas y usuarios.

> *Mediante el estudio de los procesos cerebrales que llevan a una persona a realizar una compra, las distintas técnicas de neuromarketing nos permiten dibujar un mapa preciso sobre las conductas, emociones y percepciones del consumidor.*

El resultado será clave para definir las tácticas de marketing y comunicación que mejor se ajusten a él. La meta final consiste en optimizar la estrategia para obtener resultados cuantificables y medibles.

El principal factor diferencial del neuromarketing en la investigación de mercados reside en su imperceptibilidad. Normalmente, estas técnicas pasan inadvertidas para la gran mayoría de consumidores, porque sus efectos se desarrollan de manera interna en el cerebro. En muchas ocasiones, dichos consumidores no son conscientes de que su comportamiento está siendo analizado, por lo que los resultados son muy eficaces. Al contrario, en las técnicas tradicionales (cuestionarios, encuestas, etc.) el comprador puede "maquillar" sus respuestas, creando un sesgo en la investigación.

Una de las mayores fortalezas del neuromarketing es que pone a disposición de las compañías las necesidades y expectativas de sus clientes. Esto les permite conocer su comportamiento y forjar un vínculo emocional con ellos que puede ser determinante a la hora de su fidelización. No debemos olvidar que aquellos usuarios que se sienten identificados y emocionalmente vinculados a una marca, pasan de ser meros consumidores a prescriptores y firmes defensores de la misma.

Factores tales como el olor, la música, las imágenes o los colores que caracterizan a una empresa son fundamentales a la hora de crear la fórmula mágica para seducir al consumidor y están directamente relacionados con las investigaciones derivadas del neuromarketing.

Como conclusión, las empresas han sabido detectar la importancia de las emociones de los consumidores durante el proceso de compra para ofrecerles servicios más personalizados y ajustados a sus demandas. Por ello están desarrollando nuevas técnicas de marketing e investigación que se adapten a las necesidades de los usuarios, que a su vez se han vuelto más exigentes como consecuencia de la sobrecarga informativa derivada de los nuevos avances tecnológicos.

Acerca del autor

Licenciado en Publicidad y RRPP por la Universidad de Valladolid. MBA por Universidad San Pablo CEU. Master Internacionalización de empresas por ESIC. Master en Gestión de Eventos por Fitzwilliamn Institute of Dublin. En la actualidad Country Manager Madison Mk Perú, empresa donde ha desarrollado la mayor parte de su carrera profesional pasando por diferentes áreas de responsabilidad. Cuenta con amplia experiencia internacional en marketing y gestión de eventos en diversas empresas y agencias del sector MICE.

¿QUÉ ES EL ENDOMARKETING?

¿Qué rol juega dentro de la Comunicación Interna? 5 pasos para hacer Endomarketing de forma correcta. El Dr. Juan José Larrea entrevistó a la Mg. Jeannette Torres, especialista en la materia.

PodCast DIRCOM

¿Dónde deseas escucharlo? Apple Podcasts | Android | Correo electrónico | Google Podcasts | Spotify | RSS | Más

Suscribe al PodCast DIRCOM y no pierdas ninguna novedad.

O puedes verlo en el Canal de Grupo DIRCOM en YouTube en: www.dircom.tv

◆ ◆ ◆

CREATIVIDAD Y ESTRATEGIA EN EL PLANIFICADOR DE CUENTAS PUBLICITARIO

Omar Muñoz Sánchez (España)

Esta visión de varias disciplinas incluye cuestiones relacionadas con las competencias de otras disciplinas como la psicología cognitiva, la neuropsicología, la historia, las artes plásticas, la filosofía y la pedagogía entre otras. La diferencia fundamental entre creatividad y estrategia consiste en que la creatividad no tiene restricciones, sólo aquellas que se desarrollan dentro de los límites de la imaginación del autor, mientras que la estrategia necesita de restricciones (objetivos) para su elaboración. La creatividad es un proceso de aprendizaje permanente, que nunca se agota porque nunca dejamos de adquirir nuevo conocimiento, mucho más cuando nos acercamos a las fuentes de otras disciplinas con el propósito de comprender los fundamentos de la planificación de cuentas. Para Churchland y Llínás (2006), "parte de la misión del cerebro es el aprendizaje, parece que más que generar constructos a partir de la nada, el mensaje tiene más que ver con reconfigurar, darle la vuelta o re-calibrar lo que ya está ahí" (Churchland y Llínás, 2006, p. XV). Este punto de vista de dos neurocientíficos nos permiten pensar que la creatividad es re-organizar y re-significar los elementos, conceptos, situaciones, experiencias, imágenes o símbolos ya existentes para darles un nuevo sentido. En esta dinámica la creatividad y la estrategia se ven afectadas por el entorno familiar, social, cultural y educativo del individuo. Uno de los conflictos que se presentan para el planificador de cuentas es el de identificar si el problema de comunicación está en la creatividad de la estrategia de comunicación o en la creatividad de los mensajes, porque la creatividad de los mensajes depende de la creatividad de la estrategia de comunicación.

De nada sirve la creatividad si no está orientada, enfocada y dirigida hacia una intención. La creatividad por la creatividad es incierta e inoperante, no cumple una función y mucho menos facilita el proceso de resolver problemas. Tanto la creatividad como la estrategia implican la solución a un problema, que en el caso del planificador de cuentas hace referencia a un problema de comunicación de un cliente, un anunciante, una marca o una empresa.

El proceso estratégico necesita ideas que pueden darse de forma divergente, pero también necesita de la síntesis del pensamiento convergente.

Tanto la creatividad como la estrategia generan resistencia en quien las plantea y en quien las aprueba, porque "nuestra resistencia aumenta cuando el resto nos obliga a reconsiderar no sólo lo que pensamos (es decir, el contenido de una idea), sino también cómo pensamos (el proceso)" (Zaltman, 2003, p. 16). Este problema de comunicación necesita ser resuelto de manera creativa, por lo que el planificador de cuentas debe estar en capacidad de plantearse nuevos problemas de forma que pueda encontrar estrategias innovadoras para las marcas.

La creatividad en el planificador de cuentas no es diferente a la que se emplea en cualquier actividad humana, posiblemente se aplique de una forma particular para resolver problemas de publicidad, pero se apoya en los mismos principios que lo hacen otras disciplinas como los médicos, ingenieros, artistas, comunicadores, empresarios, publicitarios, físicos, abogados, filósofos, sociólogos, etcétera. El planificador de cuentas no inventa estrategias sino que reorganiza la información para darle un nuevo sentido en función de las necesidades de las marcas. La esencia de un buen planificador de cuentas es la experiencia y destreza adquirida cuando sabe cómo aprovechar la creatividad.

*Sin creatividad, la labor del planificador de cuentas se re-
duciría a la de ser un analista de datos e información re-
colectada desde varias fuentes.*

Lo anterior tiene sentido, porque mantiene una relación profesional con todas las áreas de la agencia de publicidad, con el
cliente y el consumidor. Lo que le obliga, más que al profesional
de cuentas o del área creativa, a tener un pensamiento en equilibrio entre los dos hemisferios cerebrales.

Referencias Bibliográficas:

LLINÁS, R.; CHURCHLAND, P. S. (comp.) El continuum mente-cerebro. Procesos
sensoriales. Bogotá: Universidad Nacional-Universidad del Rosario, 2006. p. xv.

ZALTMAN, G. How customers think: Essentials insight into the mind of the
market. Boston: Harvard Bussiness School, 2003.

Acerca del autor

Doctor en Comunicaciones Avanzadas por la Universidad
Ramón Llull de Barcelona (España-2013). Magíster Internacional en Creatividad Aplicada. Magíster en Estrategia y Creatividad Publicitarias. Experto en Neurociencias por la Universidad de Salamanca (España). Docente Titular y coordinador
del grupo de investigación en publicidad Epilión de Facultad de
Publicidad de la Universidad Pontificia Bolivariana en Medellín
(Colombia).

E-mail del autor: omar.munoz@upb.edu.com

◆ ◆ ◆

¿QUÉ ES EL CEREMONIAL Y PROTOCOLO?

¿Cómo debo vestirme, pararme? ¿Dónde ubico la bandera de mi país y las demás? Eduardo López Cardozo, Pte. de la Asoc. de Profesionales del Ceremonial y Protocolo de la Ciudad Autónoma de Buenos Aires, comentó algunos conceptos y dudas sobre el Ceremonial y Protocolo.

PodCast DIRCOM

¿Dónde deseas escucharlo? Apple Podcasts | Android | Correo electrónico | Google Podcasts | Spotify | RSS | Más

Suscribe al PodCast DIRCOM y no pierdas ninguna novedad.

O puedes verlo en el Canal de Grupo DIRCOM en YouTube en: www.dircom.tv

* * *

EMAIL MARKETING Y DATOS PERSONALES

Agustina Callegari (Argentina)

La casilla de correo electrónico marca que tenemos diez mails nuevos. Pero, una vez en la bandeja de entrada, nos damos cuenta que ocho de ellos no los solicitamos. O, peor aún, con el auge de los smartphones, el teléfono suena cada vez que recibimos un nuevo correo electrónico y la mayoría de las veces es un mensaje que no queríamos recibir. Aunque en ocasiones un título atractivo o un click hecho por error pueden generar una acción positiva, la realidad indica que en la mayoría de los casos esos correos electrónicos son colocados en un abrir y cerrar de ojos en la carpeta de "no deseados", precisamente por ello. ¿Dónde obtuvieron mi mail? Es la pregunta que muchos se hacen -si es que ya no se cansaron de hacerla-. Para que nuestras acciones no nos jueguen en contra, este artículo busca abordar una serie de aspectos relacionados a la protección de datos y la privacidad al momento de realizar una campaña online.

El email marketing es una de las prácticas más usadas hoy en día por diversas empresas e instituciones, y sigue siendo una de las maneras más eficientes de fidelizar a los clientes de algún producto o servicio. Sin embargo, se puede convertir en un dolor de cabeza si no se tienen en cuenta algunos factores fundamentales de la protección de datos personales.

En Internet existen aplicaciones que copian y agrupan de forma autómatica gran cantidad de direcciones de correo electrónico que están sueltas en miles de sitios webs. Esta posibilidad de construir bases de datos derivaron en la existencia de un negocio ilegal: la venta de estos registros. Así, la comercialización de dichas bases de datos se convirtió en una solución, pero también un problema para muchos. En el afán de adecuar las estrategias de publicidad al nuevo paradigma, la ruta más fácil es la compra de estas listas para captar nuevos clientes y se ignora que se está yendo en contra de las normas.

El consejo es evidente: crear nuestra podria bases de datos. Si bien la misma puede llevar un largo periodo tiene el valor agregado de estar ofreciendo nuestros servicios a alguien que desea recibirlos. Mejor calidad que cantidad, dicen. Además, tener buenas prácticas a la hora de armar nuestros registros y conocer la normativa local son elementos que pueden diferenciarnos de otras empresas al evitar ir en contra de la privacidad de nuestros clientes.

En Argentina, la ley N° 25.326, sobre protección de los datos personales, permite a las empresas de publicidad almacenar y tratar datos personales sin el consentimiento previo del titular de los datos, siempre y cuando estos datos sólo posibiliten la construcción de un perfil de consumidor.

Entonces pueden recolectarse datos como: nombre, DNI, ocupación, fecha de nacimiento, domicilio y por supuesto, correos electrónicos. Es necesario resaltar que los datos personales no son algo abstracto, son un valor que hacen a la dignidad humana de cada individuo. Por ello en ningún caso pueden recolectarse los datos referidos a la religión, convicciones políticas, salud, vida sexual, o cualquier otra información que pueda derivar en acciones discriminatorias ya que poseen una protección mayor por considerarse datos sensibles. Mucho menos comercializar con esos datos.

Que el marketing no deba preocuparse por la necesidad de consentimiento expreso, principio fundamental de la protección de datos, no significa que podemos recolectar datos libremente. Esta posibilidad de tratamiento sin autorización del titular, tiene como fin simplificar la transferencia de bases de datos entre empresas del mismo sector. Es decir, aquellas empresas que posean un listado de personas identificadas bajo un determinado segmento, pueden cederlas a terceros siempre y cuando estos pertenezcan a la misma actividad. Bajo ninguna circunstancia, los datos pueden utilizarse para una finalidad distinta a la que fueron recolectados.

Por otro lado, la ley también establece que toda comunicación que se realice con fines publicitarios, ya sea por correo electrónico o por teléfono, debe de indicar el derecho que tiene el titular de los datos a solicitar el acceso, modificación o retiro de su nombre de las bases de datos. Este procedimiento tiene que ser sencillo, por lo que es necesario verificar en cada envío que el enlace para acceder a estos datos o dar de la baja la suscripción funcione correctamente.

Más allá de lo que establece la normativa, existen buenas prácticas a la hora de elegir como se realizará la suscripción al newsletter y, por lo tanto, la construcción de nuestra lista de correos. Hay métodos que tienen en cuenta la protección de la información y le solicitan al usuario una confirmación de su suscripción, evitando que la dirección de correo haya sido suministrada por un tercero.

Así, los métodos recomendados son el de "Opt In" simple con notificación -donde al suscribirse el cliente recibe un mensaje dándole la opción de darse de baja- y, el más recomendado, el "Double Opt In" confirmado – en el cual los nuevos suscriptores no se añaden a la lista hasta que confirman su suscripción a través de un mail que reciben-.

Estos puntos son importantes a la hora de realizar una campaña de marketing online, no sólo para un mejor rendimiento del negocio sino también porque la responsabilidad social empresaria tiene que ver con cumplir las leyes locales. En un momento donde el tema de la privacidad esta en voga, hay que ser conscientes que los datos personales de nuestros clientes no son de nuestra propiedad y por lo tanto debemos ser prudentes en el tratamiento de los mismos.

Acerca de la autora

Licenciada en Ciencias de la Comunicación de la Facultad de Ciencias Sociales de la Universidad de Buenos Aires. Se especializa en temas de la Sociedad de la Información y el Conocimiento. Desde 2011 trabaja en el Centro de Protección de Datos Personales, abordando temas de protección de datos, privacidad y uso seguro de las nuevas tecnologías de la información y la comunicación. Realizó la carrera de Redes Sociales y Marketing Onlie en Educación IT, Centro de Capacitación en Tecnologías de la Información.

¿QUÉ ES LA COMUNICACIÓN DIGITAL?

El Dr. Juan José Larrea, repasa conceptos, dónde se desarrolla, si es interna o externa, ventajas y desventajas, ¿cómo debe ser un plan de comunicación digital?, y ¿cómo medir resultados? entre otros comentarios.

PodCast DIRCOM

¿Dónde deseas escucharlo? Apple Podcasts | Android | Correo electrónico | Google Podcasts | Spotify | RSS | Más

Suscribe al PodCast DIRCOM y no pierdas ninguna novedad.

O puedes verlo en el Canal de Grupo DIRCOM en YouTube en: www.dircom.tv

Si lo deseas puedes ir al momento exacto del video que te interese presionando sobre el tiempo deseado abajo:

- 00:00 Comunicación Digital
- 00:41 Algunos conceptos
- 03:40 Dónde se desarrolla
- 05:51 Públicos Internos y Externos
- 06:49 Ventajas
- 10:02 Desventajas
- 12:48 Plan de Comunicación Digital
- 19:58 Comunicación Digital Efectiva
- 23:03 Lo móvil debe ser principal
- 23:27 Conectar o vender
- 23:51 ¿Cómo medir resultados?
- 26:06 Tendencias en Comunicación digital
- 29:38 Gratis Libro "Comunicación de las Marcas"

LA COMUNICACIÓN DE LAS MARCAS

Redacción DIRCOM

El cuarto libro de DIRCOM es la conclusión de tres años de arduo trabajo y creemos que resultará una interesante lectura para los Dircom y gestores de marcas porque transmite experiencias relatadas a partir de conocimientos obtenidos en la tarea diaria del quehacer profesional.

La comunicación de las marcas, es una edición de Juan José Larrea cuya compilación estuvo a cargo de Diego Ontiveros a quien Larrea define como "Un excelente profesional conocedor del branding, que además ejerce con mucha pasión y amor su trabajo. No cabían dudas de que el resultado de este libro iba a ser un impecable repertorio de autores que desde su profesión, experiencia y distintas disciplinas escriben su preciado aporte sobre las marcas, porque en la coordinación del trabajo estaba Diego."

El libro cuenta con la participación de Norberto Chaves, Kevin Roberts, Leandro Africano, Benito Cleres, Marcelo Sapoznik, Eduardo Sánchez, Edgardo Werbin Brener, Octavio Islas, Adrian Pierini, Stellato Federico, Vanessa Lam De Cheung, Cristian Torrandell, Paul Capriotti y Beatriz Sznaider. Para Jorge Lipetz, Profesor Titular de Comercialización - UBA Director de Jorge Lipetz& Asociados, "El lector podrá encontrar en este libro una equilibrada compilación de diferentes puntos de vista acerca de l construcción y sostenimiento de las marcas.

El valor de esta publicación, en mi parecer, radica justamente en ese abanico de visiones y de diferentes ángulos de entrada a la problemática del Branding, diversidad que es difícil de hallar en un único texto. Confío entonces en que el lector comparta esta apreciación, y encuentre útil la información y enseñanzas que aquí se desarrollan. Y para los autores, finalmente, mi deseo de que esta obra esté destinada a "dejar marca" en los ámbitos profesional y académico."

Por su parte, Claudia Altieri, Directora MBA Marketing Escuela de Posgrado en Negocios Universidad de Belgrano y Directora de Mundo Consultores. "Diego Ontiveros, ha logrado como pocos autores una selección y compilación de obras, que hombres y mujeres de negocios deberían conocer. Aborda una de las cuestiones más complejas del marketing: cómo diferenciarse frente a mercados perceptualmente idénticos. El branding, como proceso de construcción de identidad es el eje central que lo diferencia..."

Y para José Ignacio Muñoz, Coordinador de la Licenciatura en Comunicación Social, de la Universidad Nacional de Río Negro, República Argentina "La construcción de una marca, como simbolismo natural de un producto, a través de la asignación de su propia identidad, su valor: el Branding. El Branding otorga sentido al valor como aspecto sustancial en la instauración de una marca. Adquiere en su valor, el verdadero sentido. De allí su relevancia. Sin dejar de establecer que a partir de ello, puede generarse una apropiada estrategia de marca, que nos acerque al éxito, en función de los intereses de la empresa y de sus beneficiarios. Sin dudar, este libro, será un valioso aporte técnico y profesional en el ideario de alcanzar ese éxito. Mis mayores augurios."

"Como profesor de marketing, publicidad y branding debo confesar que las marcas son un tema muy delicado y tan sensible que sin las mismas muchos negocios no funcionarían. Es importante reconocer que no hay un singular camino en la construcción sólida de branding. El discurso marcario implica construir sentidos para la circulación de los signos en la sociedad." define Diego Ontiveros.

"Un propósito acertado de este libro es la vinculación de diferentes miradas y experiencias que puedan enriquecer la decisión final del lector para su posterior utilización en la construcción de marcas", menciona Vanessa Lam, quien además celebra el hecho de impulsar más la gestión del conocimiento para el crecimiento del comunicador latino. "Para Ecuador es un gran logro imprimir este libro ya que marca un camino hacia la valoración del crecimiento profesional en el país y la región" concluye. Grupo DIRCOM ha logrado, una vez más, reunir a expertos Latinos en una publicación que resume la situación actual de la marca y proporciona una fuente de consulta para quienes deseen explorar en la materia. Con la misma pasión por la comunicación y la gestión con la que realiza todos los productos, DIRCOM deja a disposición de cada profesional esta obra de gran valor para la actividad comunicacional.

CONDUCTAS INDIVIDUALES - RESPONSABILIDAD SOCIAL

La Mg. Gabriela Pagani repasa las Conductas Individuales, desde la Responsabilidad Social. ¿Qué hay que tener en cuenta en momentos de crisis?

PodCast DIRCOM

¿Dónde deseas escucharlo? Apple Podcasts | Android | Correo electrónico | Google Podcasts | Spotify | RSS | Más

Suscribe al PodCast DIRCOM y no pierdas ninguna novedad.

O puedes verlo en el Canal de Grupo DIRCOM en YouTube en: www.dircom.tv

Ver video en www.dircom.tv

CLIENTES: VALOR INTANGIBLES DE LAS FARMACIAS

Carlos Diego CID (Argentina)

Es 2014 y estamos en Argentina. Algunas experiencias internacionales pueden ser fácilmente aplicadas por el sector farmacéutico argentino, especialmente en su vertiente oficinal, pero otras encuentran dificultades propias de nuestra historia y tradición farmacéutica, legislación que regula el ejercicio de la profesión y comercialización en los distintos locales, y en forma no menor nuestra coyuntura socio-económica.

Claramente no es lo mismo, en términos de recursos, un drugstore en Miami Beach operada por una organización con más de 7.000 locales en todo Estados Unidos , una apotheke de tradición centenaria en Europa que genera atracción por su mobiliario, o una simple pharmacie en Youpogon, Costa de Marfil. Como tampoco es lo mismo operar una farmacia en alguna zona exclusiva de Buenos Aires frente a otras realidades como puede ser un pequeño local independiente o farmacias ubicadas en ciudades con menores ingresos. Todo esto para dejar en claro que no hay recetas únicas que sean válidas en todos los casos; los lineamientos son los mismos pero las aplicaciones deben ser individuales.

La experiencia internacional en términos de concentración y consolidación del negocio farmacéutico ha llevado a algunos especialistas a decir que el sector está recalentado en cuanto a la lealtad del cliente y los programas de fidelización que estas empresas utilizan para competir entre sí.

Frente a esto cabe nos preguntemos, si no habremos olvidado que nuestro cliente siempre manifestó confianza y fidelidad por SU farmacia y el farmacéutico que lo atiende. E inmediatamente surge otra cuestión; estamos fomentando y aprovechando los beneficios de esa lealtad.

Indudablemente nuestras farmacias son espacios en los que comercializamos productos, básicamente especialidades medicinales; pero también es un espacio de servicios.

Cuando uno escucha las historias de quienes estuvieron tras el mostrador se dá cuenta que además de dispensar medicamentos, el personal de farmacia forma parte del invisible ejército de contenedores sociales que escuchando historias personales de sus clientes traba una relación que sobrepasa lo estrictamente comercial para ubicarse en lo personal.

Además tengamos presente que sólo podemos decir que CLIENTE no es quien circunstancialmente llegó a nosotros, sino aquel que ha regresado y realizado otras compras.

Con esa recurrencia surge entonces un vínculo intangible que, antes que ser destruido en aras de la eficiencia del despacho despersonalizado, debe ser explorado por quienes quieran asegurar la permanencia de su farmacia. La posibilidad de establecer ese vínculo de lealtad pone en pie de igualdad a todas las farmacias, desde aquellas pequeñas operadas casi familiarmente hasta las grandes redes, ya que todas pueden accionar sobre ese concepto aunque con distintas posibilidades.

Para las farmacias concentradas en redes, la base de la lealtad estará dada por el establecimiento de una red lo suficientemente densa, vale decir con múltiples locales que permitan al potencial cliente encontrarlos dentro de una zona comprendida por un radio máximo de cuadras o tiempo de viaje en automóvil, quizás reforzada por un Programa de Acumulación de Puntos por Compras u otra forma de reconocer a aquel que retorna para sus compras, siempre teniendo en cuenta que el retorno será a la red y no necesariamente a un determinado local.

Por su parte, las farmacias que no están integradas a una red tienen la posibilidad de trabajar con mayor profundidad el vínculo personal apoyándose en conceptos del Marketing de Servicios que nos enseña como operar con servicios basados en personas y de alto contacto. Decimos que la farmacia, en su fase servicial, se basa en personas porque el farmacéutico y sus dependientes son los encargados de dispensar al cliente; y es de alto contacto porque en esa dispensa se encuentran cara a cara, en proximidad, y establecen las bases de esa lealtad al local y a la persona. ¿Cuántas historias se podrían citar de personas que sólo compran en la Farmacia X? ¿Cuántas veces hemos oído de personas que sólo querían ser atendidos por Y? Todo esto es un capital enorme al que habitualmente no prestamos atención y que generalmente, en un acto casi suicida, vamos minando cotidianamente.

En concreto, nuestras farmacias deben evitar desperdiciar uno de los recursos más valiosos para llegar al cliente: el contacto personal. Si éste existe será más fácil comunicar la existencia de otras posibilidades y generar mayores ingresos. Si por el contrario, el cliente se torna una pieza intercambiable y perdemos el contacto con él, entonces la comunicación se hace a un entorno abierto y pierde efectividad con el consiguiente encarecimiento para lograr resultados concretos.

Así las cosas, nuestra reflexión final es insistir sobre la cuestión prioritaria: que se preste atención al cliente de farmacias y se refuerce esta idea en el personal, especialmente aquel en contacto con el cliente, única forma de fortalecer la relación y poder acceder al posicionamiento deseado, que por otro lado es la propuesta de la "Atención Farmacéutica Personalizada". Sólo asegurado esto podremos repensar el soporte físico, mobiliario, medidas de seguridad, etc.; y pasar a la acción comunicacional.

Acerca del autor

Ingeniero Civil, MBA, Administración Estratégica y Logística Comercial. Ejerce la docencia en temas de Planeamiento y Marketing. Ocupó cargos gerenciales en empresas petroleras de primera línea, actualmente en el área de Salud. Asesor legislativo y gubernamental, también realiza consultoría de negocios.

◆ ◆ ◆

GESTIÓN DE LA COMUNICACIÓN PARA ORGANIZACIONES

" En la actualidad, es casi impensable concebir organizaciones emisoras unilaterales sin tener en cuenta la reciprocidad que implica cualquier acción comunicativa. En este sentido, la constante exigencia de los público hacia las instituciones demanda una actualización continúa", comenta la Mg. Eugenia Etkin en una entrevista que le hizo el Dr. Juan José Larrea para el PodCast DIRCOM.

PodCast DIRCOM

¿Dónde deseas escucharlo? Apple Podcasts | Android | Correo electrónico | Google Podcasts | Spotify | RSS | Más

Suscribe al PodCast DIRCOM y no pierdas ninguna novedad.

O puedes verlo en el Canal de Grupo DIRCOM en YouTube en: www.dircom.tv

GESTION DE LA COMUNICACION
PARA LAS ORGANIZACIONES

PodCast
DIRCOM
Elegí tu plataforma favorita

CALIDAD, VALOR Y SATISFACCIÓN DEL CONSUMIDOR

Jorge Lipetz (Argentina)

Calidad Y Valor Para El Cliente

- "La calidad la fija el cliente".

- "Calidad no es lo que el proveedor pone en el producto sino lo que el cliente saca del mismo al usarlo o consumirlo".

- "Calidad es cumplir con los requisitos del cliente".

Estas y otras definiciones parecidas no hacen sino destacar a la calidad como un concepto ligado al valor, el valor que el cliente extrae del bien o servicio que compra, su propia percepción del mismo. "En términos competitivos, el valor es la cantidad que los compradores están dispuestos a pagar por lo que una empresa les proporciona" (1).

La 'Cadena de Valor' de una empresa está compuesta por una serie de actividades primarias y de apoyo, eslabonadas de determinada manera, que se desempeñan para diseñar, producir, llevar al mercado, entregar y apoyar a sus productos (2).

Como puede apreciarse en estas definiciones, el objetivo final es siempre el cliente. Cuanto más valor perciba en un producto, más estará dispuesto a preferirlo (ya sea pagando más, ya sea eligiéndolo a igual precio que el de la competencia).

Surge entonces la "pregunta del millón": ¿cómo saber cuáles son los standards del cliente?, ¿cómo establecerlos y medirlos para usarlos como input en la cadena de valor?

En su momento, y con una visión quizá más industrial, la normativa de la ISO 9000 hizo un aporte fundamental para dar respuesta a esta inquietud, al establecer la obligatoriedad de relevar la opinión del cliente. Al margen de esta normativa, y por mero sentido común, establecer la opinión del cliente debería ser igualmente "obligatorio", como norma de relevamiento de su satisfacción.

Claro que lo que para el cliente es la calidad no necesariamente coincide con lo que es para la fábrica. Se podrán establecer multiplicidad de parámetros, se podrán hacer pruebas y mediciones, pero en última instancia la percepción del cliente incluye un componente no objetivable (aunque sí mensurable): su propia percepción de la calidad.

Un ejemplo concluyente al respecto lo constituye el tiempo de espera en colas.

"La otra hilera se mueve más de prisa". "Si usted cambia de hilera, la que acaba de dejar comenzará a moverse más aprisa que la que usted se encuentra ahora". "Entre más espere haciendo cola, mayor será la probabilidad de que se encuentre en la hilera equivocada". "El cajero más lento estará siempre en la caja rápida" (3).

Todos hemos pasado (e inevitablemente volveremos a pasar) por situaciones como las descriptas.

El tiempo real es absolutamente mensurable y cronometrable, pero sin embargo nunca coincidirá con la percepción del cliente.

El siguiente ejemplo real está tomado de la actividad bancaria. Se trata de una prueba desarrollada hace unos años en 10 sucursales de un banco de primera línea con mucha afluencia de público en cajas en horario pico (y pese al esfuerzo por alentarlo a utilizar las alternativas electrónicas de atención).

A los fines prácticos, el análisis del tiempo de espera es tan válido a los fines del ejemplo como lo sería para las colas del supermercado, del peaje o para la atención de trámites en muchos organismos públicos y privados).

Medición	Acciones correctivas desarrolladas	Tiempo promedio cronometrado	Tiempo de espera percibido por los clientes	Satisfacción con el tiempo de espera (HS) (4)
1		5m 40s	"Más de 10 minutos"	46 %
2	Ajuste en la cantidad y distribución de cajas según afluencia de público	3m 30s	"Alrededor de 10 minutos"	52 %
3	Ajuste adicional en la cantidad y distribución de cajas.	2m 30s	"Entre 5 y 10 minutos"	57 %
4	Ofrecimiento de caramelos y café al público en las colas	2m 30s	"Menos de 5 minutos"	70 %
5	Anterior, más consigna de bienvenida del personal de cajas y "disculpa" por la demora	2m 50s	"Muy poco"; "Se hace rápido"	77 %

El ejemplo anterior muestra claramente que la percepción del cliente se vio escasamente influenciada por el tiempo real de espera (parámetro que sin embargo es exactamente mensurable), y muy influenciada por el trato y el servicio. El "reloj interno" del cliente funcionó en discordancia con el reloj real, pero absolutamente en concordancia con la calidad de atención.

En otras palabras, influyó más la forma de desempeño de la actividad primaria (la atención de los cajeros) que su tiempo real de realización, e influyó significativamente el aporte de una actividad de apoyo (tan simple como convidar caramelos y en algunos casos café) de la que podría eventualmente prescindirse y la función primaria se cumpliría igual.

La conclusión final puede plantearse en los siguientes términos:

Aunque el producto sea "perfecto" en la concepción de quien lo ofrece, en la satisfacción y en la "calidad percibida" por el cliente ingresarán inevitablemente parámetros subjetivos, ligados a su propia percepción de esa supuesta perfección.

Esos parámetros subjetivos podrán tener mucho o poco que ver con las prestaciones reales del producto, pero sin ninguna duda tendrán muchísimo que ver con el servicio que se le preste al cliente, con la calidad de la atención que se le brinde, con lo cercano que se sienta y con la coincidencia o no entre su expectativa previa y lo realmente obtenido.

¿Cómo Lo Ve El Cliente?

- "El producto es bueno, pero...".

- "Lo compré sin muchas expectativas porque era el único que había... ¡y lo bien que resultó!"

- "No está mal, al contrario... pero esperaba más"

- "Tuve algunos problemas con el servicio posventa, pero siempre se mostraron dispuestos a solucionarlos".

Así como antes destaqué la ligazón entre los conceptos de calidad y de valor, estas frases (que con diferentes matices todos hemos expresado o escuchado alguna vez) confirman que, además de hablar de dos conceptos (diferentes aunque ligados entre sí), estamos también hablando de dos "tiempos" diferentes:

- El momento en el que aún no se ha experimentado el uso del producto.

- El momento posterior a su utilización o consumo.

Ambos elementos convergen en la percepción del cliente y consecuentemente en su conducta de compra, ambos confluyen en la satisfacción (o no) del cliente.

La base de la Economía Industrial ha sido la manufactura, la producción de bienes para el consumo. Si bien el modelo subsiste en buena medida, hoy la lógica se basa en el comportamiento del mercado, en lo que el cliente "saca" del producto, en el producto como satisfactor (en definitiva, un concepto de valor).

Si lo llevamos al campo de la comunicación, basta simplemente con recordar que durante décadas la publicidad de muchos productos estuvo centrada simplemente en la descripción de los mismos (lo que el producto "es"), en tanto hoy en día se orienta al mismo como satisfactor de una necesidad (lo que el producto "hace" por el consumidor).

Pero no basta con eso: el "valor agregado" al producto (y no estoy hablando del impuesto) incrementa su competitividad.

Aquí vale la pena detenerse brevemente para decir que también en este caso se abren dos campos complementarios, que confluyen en la visión integral de servicio para el cliente:

- El servicio que el propio producto brinda como "servidor", como satisfactor, como hacedor de algo, como aportante de la solución para una necesidad. Es aquello para lo que el producto "sirve".

- El servicio que brinda complementariamente la empresa (antes, durante y después de la entrega del producto).

Un ejemplo simple: de un lavarropas se espera que lave (y sirve si lo hace, y bien). Del fabricante del lavarropas se espera que lo instale, que lo garantice, que ofrezca atención posventa y repuestos económicos, que brinde asesoramiento, etc. Algunas de estas prestaciones el cliente las comprobará en la práctica, otras quizá no las requiera nunca (pero deben estar disponibles, y el cliente debe saber que están disponibles). Todas suman en la percepción global de la calidad.

El objetivo no es solamente la satisfacción con el uso, es la satisfacción a largo plazo (que es esperable que se refleje en futuras compras, en la consolidación del vínculo).

Para que la satisfacción se consolide a largo plazo deben conjugarse los siguientes factores:

A. Un buen satisfactor (un producto del que se espera que haga algo, y que debe cumplir con esa expectativa).

B. Ofrecer un servicio de calidad.

C. Brindar garantías (lo más incondicionales posibles).

D. Gestionar adecuadamente las quejas y reclamos.

Mencioné antes la existencia de al menos dos tiempos en el vínculo de un cliente con un producto: cuando todavía no se lo experimentó y cuando ya se lo experimentó.

Avanzando en este desarrollo, y sobre la base de los cuatro factores recién mencionados, necesarios para consolidar la satisfacción, el análisis puede ajustarse aún más:

1. Existe un tiempo anterior al uso o consumo en el que el producto ya puede existir físicamente, pero constituyendo para el futuro usuario solamente una expectativa.

2. El momento inmediato posterior a la experimentación (y la confirmación, o no, de las expectativas previas).

3. El tiempo posterior, con la incorporación de todos los factores necesarios para que el vínculo se consolide a largo plazo.

Surge acá un interrogante que ha desvelado a muchos investigadores del tema:

1. ¿La satisfacción (o insatisfacción) del consumidor es una consecuencia de las expectativas puestas en el producto?...

2. ¿...o es una consecuencia de la performance del producto, de lo que hace por el consumidor independiente-

mente de lo que éste esperaba de él?

Quienes sostienen lo primero dividen también las aguas:

-   Algunos opinan que cuanta más alta sea la expectativa formada sobre un producto, tanto más se estará satisfecho con el mismo (aunque no sea tan bueno) porque el ser humano tiende por naturaleza a ser consistente (la percepción que tiene sobre el desempeño requiere ser consistente con lo que se esperaba). Está en discusión si esto es igualmente válido para categorías tan diferentes como productos de consumo, servicios, o productos semi-durables y durables.

-   Otros sostienen que, cuanto más alta sea la expectativa, tanto más difícil de lograr es una buena satisfacción, y si el producto no satisface la expectativa, tanto mayor será el desencanto. Esta posición puede conducir a trampas (ya que bastaría con generar poca expectativa para lograr mayor satisfacción). Y también en este caso es discutible el concepto si se lo aplica estrictamente a productos donde la evaluación del desempeño puede objetivarse.

En la otra vereda están las teorías que se basan en la performance del producto, en la "calidad percibida" en el mismo. Éste es el campo en el cual el producto no debe estar solo, sino acompañado de todos los elementos, ya mencionados, que hacen a una percepción global del desempeño: o sea el producto en funciones más el service, más la garantía, más la atención post venta... la comunicación en todo sentido y en todos sus soportes. En definitiva, todo aquello que consolida un vínculo a largo plazo.

Pese a todo el enfrentamiento de teorías al respecto, ninguno de las dos facetas puede ser dejada de lado en la Investigación de la Satisfacción del Cliente: ni las expectativas, ni la percepción del desempeño del producto (y de la empresa que ofrece el producto), y ambos aspectos muestran tanto aspectos psicológicos como racionales.

Lo que en definitiva debe tenerse en cuenta es que la percepción global de la calidad requiere mucho tiempo y esfuerzo para consolidarse (pero lamentablemente, basta muy poco tiempo y algún descuido para deteriorarse).

Qué Saber De Nuestro Cliente Para Una Estrategia De Valor

Las variadas definiciones del concepto "cliente" pueden agruparse en dos grandes orientaciones, a las que llamaría Cuantitativas y Cualitativas:

1. Las primeras enfatizan aspectos conductistas, del tipo de "...cliente es quien reitera la compra de mi producto cuatro veces en un mes" (cantidad de compras y período que obviamente dependen del producto de que se trate), o "...cliente es quien de cada diez compras o consumos del genérico, siete veces elige mi producto" (cifras también citadas arbitrariamente).

2. Las definiciones del segundo tipo se refieren a conceptos de posicionamiento (5), del tipo de "...cliente es quien tiene en su mente razones para preferir mi producto antes que el de mi competidor".

Es obvio que ambas orientaciones en definitiva coinciden: sólo quien tiene en buen concepto mi producto reiterará su compra o consumo.

En definitiva, cliente es...

- Un comprador / consumidor satisfecho.

- Que valora a la empresa y/o al producto lo suficiente como para reiterar la compra / consumo, como para preferir a un proveedor antes que a cualquiera de sus competidores.

- Que, incluso, está dispuesto a pagar un precio más alto

porque el valor percibido (en el proveedor y en el producto) lo justifican.

Michael Porter, que algo sabe de estas cosas, afirmó que la ventaja competitiva, además de ser apreciable por el mercado, debe ser sostenible en el tiempo, que la razón principal de la preferencia por parte de un cliente debe ser perdurable, debe poder defenderse hoy y en el futuro (6).

Para saber en qué medida estamos en condiciones de enfrentar un desafío de esta índole, es importante poder responder a las siguientes preguntas:

- ¿Cómo deciden mis clientes (y mis no-clientes) entre diferentes proveedores?

- ¿Cuáles son los atributos de la calidad de mi producto utilizados como criterio de compra por mis clientes?

- ¿Qué peso tienen los diferentes atributos en la elección final, o sea, cuáles son más clave que otros?

- ¿Los criterios de compra han cambiado en los últimos tiempos?

- ¿Están cambiando actualmente?

- ¿Son diferentes para distintos segmentos del mercado?

- ¿Son diferentes para distintos clientes dentro del mismo segmento?

- ¿Cómo se prevé que cambiarán en el futuro?

- ¿Cómo es valorado mi producto en cada atributo?

- ¿Cómo son valorados mis competidores?

- ¿En qué atributos gana mi producto y en cuáles pierde?

- ¿Es siempre de la misma manera o cambia con el tiempo y las circunstancias?

- ¿Por qué consigo (o pierdo) ventas?

- ¿Contra quiénes consigo (y contra quiénes pierdo) ventas?

- ¿Qué puedo hacer para no perder esas ventas?

- ¿Qué puedo hacer para generar un mayor valor percibido en mi oferta?

- ¿En qué segmentos del mercado es esto más factible?

El cuestionario no se agota con estas preguntas, pero creo que es suficiente con lo expuesto.

Quien pueda responder a la mitad de las preguntas planteadas estará seguramente en mejor situación que el 90% de sus competidores (diría más, estará en mejores condiciones que el 90% de todas las empresas).

El convencimiento interno de contar con el mejor producto no basta para conseguir un cliente, comunicar atributos que no pueden demostrarse o que no se pueden sostener como ventaja competitiva perdurable puede bastar para generar una compra/consumo, pero no para mantener un cliente.

Eso puede apreciarse con más evidencia en el siguiente gráfico, que muestra cómo la capacidad competitiva (que está dada por contar con una ventaja competitiva apreciable por el mercado y sostenible en el tiempo) se incrementa según la forma en que una empresa se mueve hacia sistemas más estratégicos de la gestión de su calidad.

Procure ahora el lector ubicarse o ubicar a su empresa, haciendo un autoanálisis, en una de las etapas del eje vertical. De esa ubicación dependerá el número de preguntas que puede llegar a responder.

O si lo prefiere puede verlo al revés: cuantas menos preguntas del listado anterior pueda responder, tanto más cercano a la base estará en su evolución hacia una gestión estratégica de la calidad en términos de valor para sus clientes.

Cualquiera sea el nivel en el que se ubique, nunca será tarde para subir un escalón más (pero le sugiero no demorarse, porque su competidor también puede leer este artículo, y quizá me crea).

Evolución Hacia Una Estrategia De Valor

En cualquier situación competitiva, en principio quien más se beneficia es el cliente, simplemente porque puede optar entre varias ofertas.

Ahora bien, ¿por qué motivo un cliente decide comprarle un producto determinado al proveedor A y no al proveedor B (competidor de A)?

Se abren aquí varias alternativas:

- El precio de A es más bajo (ni siquiera notoriamente más bajo) que el de B, y al cliente no le importa demasiado qué es lo que compra por ese precio.

- El precio de A es más bajo. Al cliente le importa la calidad del producto y ésta es similar en ambos (le recuerdo que la calidad no es lo que el proveedor "pone" en el producto sino lo que el cliente percibe, y "saca" del mismo). El precio más bajo de A podría deberse a que tiene un tratamiento de costos más eficiente y en consecuencia sus costos son más bajos ("estrategia de liderazgo en costos" según Porter (7)). También podría deberse simplemente a que A decidió sacrificar utilidad (de esto Porter no dice nada, aunque el lector podrá encontrar muchas referencias en el capítulo "promociones" de cualquier libro especializado).

- Los productos A y B son aparentemente similares, y sus precios son iguales. Es evidente que el cliente que elige A percibe en el producto algo que B no tiene (o lo tiene pero no logra que el cliente lo perciba, lo que para el caso es lo mismo

(8)). Por lógica, a igualdad de precio, prefiere A.

- El precio de A es de mayor que el de B (y sin embargo el cliente elige A): En este caso, como en el anterior, el cliente percibe en A algo que B no tiene, pero a diferencia del caso anterior, está dispuesto a pagar más por esa característica diferencial ("diferenciación" es justamente como llama Porter a este fenómeno (9)).

Lo cierto es que, tanto en la tercera como en la cuarta alternativas se hace evidente el concepto de valor. Según Porter, "en términos competitivos, el valor es la cantidad que los compradores están dispuestos a pagar por lo que una empresa les proporciona". Pero yo me permito elegir una definición que me parece aún mejor: "El valor no es sino calidad (como quiera que el cliente la defina) ofrecida a precio justo" (10).

Y esto nos lleva nuevamente al que ha sido el tema central de mi nota del número anterior ("Customer Satisfaction - Qué saber de nuestro cliente para una Estrategia de Valor"): la importancia de la gestión del valor para el cliente como meta estratégica de una organización.

El siguiente cuadro, adaptado de Gale (11) muestra en mayor grado de detalle el gráfico de evolución hacia una estrategia del valor de la nota anterior:

ETAPA	ENFOQUE	CARACTERÍSTICAS		
1. Calidad por conformidad	Industrial (Operaciones internas)	· En conformidad con los requerimientos. · Hacerlo bien desde la primera vez. · Disminuir merma y retrabajo.	□ Administración de la calidad total →	□ Administración de valor para el cliente →
2. Satisfacción del cliente	Clientes	· Acercarse al cliente. · Entender sus necesidades y expectativas. · Orientarse a los clientes		
3. Calidad y valor percibidos por el mercado con relación a la compe-	Centrado en el mercado. Desempeño comparado con la competencia	· Acercarse más al mercado (clientes propios y de la competencia) que sus competidores.		

tencia		• Usar el análisis del valor para el cliente y ver el desempeño en comparación con la competencia tal como la ven sus clientes. • Entender claramente por qué se consiguen o se pierden pedidos (y a manos de quién). • Orientarse al mercado.		
4. La calidad como clave para la administración del valor para el cliente	Papel crucial de la calidad y el valor en el marco estratégico general	• Usar las medidas y los instrumentos del análisis del valor para el cliente con el objeto de: • Monitorear su competitividad. • Decidir en qué negocio/s concentrarse. • Efectuar inversiones en líneas de productos. • Evaluar incorporaciones de líneas. • Alinear su organización entera (personas y procesos) con las necesidades cambiantes del mercado proyectado.		

Algo más arriba invité al lector a responder objetivamente una serie de preguntas, con la finalidad de saber en qué punto se encuentra en su evolución hacia una gestión estratégica de la calidad. Este cuadro sirve exactamente para la misma finalidad.

No pretendo que me lo responda, simplemente que se lo responda a sí mismo.

Y finalmente, no me considere tan soberbio como para pontificar sobre estos temas: yo mismo, que me dedico profesionalmente a ellos, todavía estoy preguntándome si llegué a la cuarta etapa.

Notas:

1. Michael Porter, Ventaja Competitiva.

2. Porter, Op.cit. No por casualidad, en el esquema de Porter las dos áreas (Primarias) de la empresa más cercanas al cliente son Marketing y Servicio (o sea el antes, el durante y el después de la compra y consumo). Por otra parte, si bien es sabido que toda la empresa comunica (tal como se extrae del primer

principio de la Escuela de Palo Alto), la Comunicación como función específica en lo comercial forma parte del área de Marketing.

3. Arthur Bloch, *Leyes de Murphy*.

4. High Satisfaction: corresponde al "top two boxes" ("Totalmente satisfecho" + "bastante satisfecho") de una escala de siete posiciones (que se completa con "algo satisfecho", "ni satisfecho ni insatisfecho", "algo insatisfecho", "bastante insatisfecho" y "totalmente insatisfecho").

5. "...el posicionamiento no se refiere al producto, sino a lo que se hace con la mente de los probables clientes o personas a las que se quiere influir; o sea, cómo se ubica el producto en la mente de éstos". Al Ries y Jack Trout. Posicionamiento, McGraw-Hill.

6. Michael Porter. Ventaja Competitiva.

7. Michael Porter, "Estrategia Competitiva", REI-CECSA, Capítulo 2: "...muy común en la década de 1970...el liderazgo en costos requiere de la construcción agresiva de instalaciones capaces de producir grandes volúmenes en forma eficiente, de vigoroso empeño en la reducción de costos basados en la experiencia, de rígidos controles de costo y de los gastos indirectos, evitar las cuentas marginales, y la minimización de los costos en áreas como I&D, servicio, fuerza de ventas, publicidad, etc. El bajo costo con relación a los competidores es el tema que recorre toda la estrategia, aunque la calidad, el servicio y otras áreas no pueden ser ignoradas".

8. Philip Kotler dijo alguna vez que "...si Ud. guiña un ojo en la oscuridad, Ud. sabe que guiñó un ojo, pero nadie más lo sabe". Esto es por supuesto válido a la hora de jugar al Truco, pero es mucho más valioso en el mundo de los negocios.

9. Michael Porter, op.cit., capítulo 2: "Consiste en la diferenciación del producto o servicio que ofrece la empresa, creando algo que sea percibido en el mercado como único. La diferenciación proporciona un aislamiento contra la rivalidad competitiva, debido a la lealtad de los clientes hacia la marca y a la menor sensibilidad al precio resultante"

10. Bradley T. Gale, "Descubra el valor de su cliente", Free Press, Prentice Hall, cap.2.

11. Bradley T. Gale, Op.Cit.

Acerca del autor

Contador Público y Lic. en Administración – F. de Ciencias Económicas – UBA. Posgrados en Management Estratégico (CGCE) e Investigación de Mercados (Cincinnati, Ohio, USA). Doctorando en Ciencias Sociales - UBA.

Profesor Titular Regular de Comercialización y Taller Anual de la Orientación en Opinión Pública y Publicidad - F. de Ciencias Sociales – UBA (Comunicación). Profesor de Marketing y Publicidad en la Maestría Interdisciplinaria en Estudios de Comunicación Audiovisual – UBA. Docente de Posgrado de Inteligencia y Estrategia Comercialen MBA de la UBA y UNICEN.

Socio Fundador y Expresidente de SAIMO (2007-2011). Actuación Profesional: Titular de Jorge Lipetz & Asociados: Consultoría e Investigación de Mercados.

INTELIGENCIA EMOCIONAL Y HOME OFFICE

En plena cuarentena, ¿cómo gestionar la Inteligencia Emocional y el Home Office? ¿Cómo juegan las rutinas? ¿Qué tener en cuenta en la programación de actividades, objetivos y cumplimientos de metas?

PodCast DIRCOM

¿Dónde deseas escucharlo? Apple Podcasts | Android | Google Podcasts | Spotify | RSS | Más

Suscribe al PodCast DIRCOM y no pierdas ninguna novedad.

O puedes verlo en el Canal de Grupo DIRCOM en YouTube en www.dircom.tv

Si lo deseas puedes ir al momento exacto del video que te interese:

CONVERSACIÓN INTERGENERACIONAL

Y a propósito de esa canción podríamos preguntarnos también: ¿qué condición es necesaria y cuál es suficiente para estar conectados? Un amigo me contaba una conversación con su hija que muestra el estado de nuestras conexiones:

- Hoy la onda es estar ultra-conectados, papá!

¿Por qué?

- Porque es necesario estar híper-comunicada en las Redes Sociales!

Si?... pero... ¿para qué?

- Simple pá, para compartir todo lo que pretendamos, sin que nadie nos pida explicaciones!!

¿Para compartir o para interactuar?

– mmm... para interactuar permanentemente con otros y así expresarles lo que siento o lo que quiero!

¿Expresarles o enunciarles?

– te estás poniendo denso... no te entiendo pa!

Enunciar es más simple e informativo, expresar es algo más profundo y más vívido, tiene que ver con involucrar sentimientos que suponen un conocimiento del otro, con el que quiero tener un diálogo más íntimo.

– pará!! no da para tanto pa!! Esto es más simple!. Estoy... contesto una pregunta... tiro un tema... suficiente! y si me canso... clic y ya!!

Ajá!!?... otra pregunta: ¿Por qué cuando están juntas con

tus amigas, todas están mandando mensajitos o hablando con otras?

– Porque a cada instante hay novedades pá... porque queremos saber en que andan los demás, porque a veces NO surgen temas entre nosotras... y es más fácil chatear con los otros... no sé... bueno pá... suficiente... tengo que hacer mil cosas. Sorry. Beso.

Lo Que Le Pasa A Los Otros

Hoy no es necesario irse al otro lado del mundo para oír muchas de estas conversaciones, están presentes en nuestros propios trabajos o familias, incluso en los medios de transporte públicos, porque cuando hablamos en el trabajo o en casa, nos encerramos en oficinas o en los cuartos con gran recato, pero no tenemos ningún reparo en hablar de cosas súper privadas por celular en lugares públicos, como si los otros que te rodean, estuvieran desconectados o no existieran. Es suficiente mirar a 6 jóvenes sentados en un bar, o ver 7 amigas en una casa, o entrar en una reunión de 8 ejecutivos u observar a 9 alumnos de primaria salir del cole... para ver a todos mandando mensajitos o chateando o mirando la web o hablando por teléfono... pero con los otros! Los de afuera!

Bajo este panorama de situaciones, ¿no sería condición necesaria preguntarnos: por qué nos cuesta tanto, cuando estamos en familia, mantener una conversación exclusiva, NO con los otros, sino con nosotros??? Por qué no podemos hablar solo de nuestras cosas sin interrupciones? concentrándonos en lo que verdaderamente nos interesa o nos une con nuestros amigos?? Por qué, NO podemos estar atentos a lo que les pasa a los que están con nosotros??

Paradójicamente, pareciera condición suficiente para estar en equilibrio con el universo globalizado, haber logrado prestar suma atención a todo lo que les pasa a los otros!!!.

Disfrutar La Incertidumbre

Algo está desequilibrado y pienso que sería muy necesario para el Marketing analizar el tema con mayor profundidad, máxime cuando verificamos que tampoco podemos relacionarnos con nosotros mismos, ni conectarnos con nuestra intimidad, con algo motivador, que potencie nuestra verdadera vocación, que nos impulse a fijar una meta y a gozar la incertidumbre mientras recorremos el camino, alegrándonos al mirar atrás lo andado y a disfrutar el futuro, con solo visualizar el rumbo que antes habíamos soñado.

En estas circunstancias, resulta necesario que los profesionales del Marketing, además de investigar, analizar el presente e innovar en productos que los consumidores desean, puedan crear productos que los consumidores NO nos están demandando, pero que podamos intuir que SÍ los están necesitando, y será ese, crear e innovar, el mayor desafío del marketing, y aun con el riesgo que implica invertir en desarrollar productos nuevos que luego pudieran no tener eco en el mercado, disfrutar la incertidumbre de estar buscando "una verdad" si lo logramos, seremos alguien importante en la mente de un consumidor que antes de pensar sintió nuestro creación, y dijo, como reza el slogan, "Me encanta".

Navegando En Océanos Esmeralda

Bajo la visión de los Océanos Esmeralda del Marketing, es condición necesaria que nosotros intentemos contribuir a mejorar la calidad de vida de cada ser humano que esté a nuestro alcance, para lo cual no es condición suficiente solo estudiar interdisciplinariamente con todas las ciencias, aquello que las personas, especialmente los más jóvenes, verdaderamente necesitan, es condición necesaria poner por obra lo que se ha aprendido. Por esta condición, es momento de hacer! De embarcarnos y navegar!!! porque no es suficiente saber que 925 millones de personas en el mundo, no comen lo necesario para vivir saludables, esto significa, según El Programa Mundial de Alimentos, que 1 de cada 7 personas sufren de hambre o desnutrición.

Tampoco es suficiente saber que la Organización Mundial de la Salud nos advierte que el sobrepeso y la obesidad afectan a 1.000 millones de adultos y que hay más de 42 millones de niños, menores de cinco años, con sobrepeso u obesidad. No es suficiente creer que esto les pasa a "los Otros". Para actuar, es necesario hacernos cargo, tomar conciencia, que esto nos está pasando a "Nosotros", a los que están cerca, a los de nuestro país, a los de nuestro barrio. No a los Otros, a Nosotros!!! y que si tal vez cada uno de los que nos excedemos le diéramos a uno de los que les falta ese alimento esencial, la balanza podría ser perfecta tanto para los otros como para nosotros.

¿Quién Es Mi Prójimo?

La Madre Teresa de Calcuta decía -cuando le preguntaban si no era insignificante lo que ellos hacían en comparación al problema mundial- que sí, seguramente lo que ellos hacían, era una gota en un océano, pero que si no lo hicieran, a ese océano le faltaría su gota. Y pregonaba que era suficiente hacer algo por uno cercano que necesite. Que "prójimo" era este necesitado, este "Cristo" más próximo, que vive en nuestro pueblo, o región, donde estamos nosotros. Que si cada ser humano, se ocupara de al menos uno de los que están cerca, y no de los que están lejos, les darían amor más seguido y los alimentaría tanto como el pan de cada día, que a uno le puede sobrar y al otro faltar, compartir con él el pan, uno con uno, suficiente!. Así este mundo sería un buen lugar para todos nosotros. Yo creo que si pudiéramos compensar, tanto cariño que pudieran darnos por algo de comida, y una mejor educación para lograr ambos bienes, el Marketing Sustentable de los Océanos Esmeralda habrá tenido, en su necesaria misión, su razón suficiente de existir. Entenderíamos claramente la diferencia entre un simple oír a los otros y un escuchar consciente a los que necesitan y pertenecen al mundo de nosotros.

Solo El Que Escucha Comprende

En la película "La Vida de los Otros" el capitán Gerd Wiesler, un espía de la STASI Alemana, que firmaba sus informes con las siglas HGW XX/7, usa la tecnología para oír y espiar todo lo que hacen los otros, y durante muchos años su vida no significaba nada, pero un día es elegido para la vigilancia del conocido dramaturgo Georg Dreyman y su novia la actriz Christa- Maria Sieland, solo después de varios días de oírlos, algo captura su alma y deja de oírlos y comienza a escucharlos, condición necesaria para involucrarnos afectivamente, y es en esa escucha del corazón del otro cuando dejan de ser los otros y pasan a ser nosotros, por eso Wiesler encuentra en ese momento su razón personal de existir! Porque logra comprender, de mano de sus perseguidos, el valor de la verdadera amistad, al escuchar la "Sonata para un hombre bueno" que el director teatral, Albert Jerska compone para el cumpleaños de su amigo Georg Dreyman y así el agente escucha y se emocionarse al percibir el amor profundo de Dreyman y Christa, luego de lo cual se involucra profundamente, porque siente que son seres auténticos y amantes de una vida plena, que él nunca sintió y así necesariamente pasa a quererlos y defenderlos en secreto, como si fueran de su círculo íntimo.

Su ayuda es premiada al final de la película, cuando años después de la caída del muro, Wiesler con una nueva vida y un trabajo pobre pero digno, pasea por la calle con su carrito de repartidor cuando descubre, en el escaparate de una tienda, una gran fotografía promocional de Dreyman junto a un libro titulado «Sonata para un hombre bueno». Movido por la curiosidad, entra en la librería y abre un ejemplar. La dedicatoria reza: «A HGW XX/7, en agradecimiento». Se lo da al librero para que le cobre y éste le pregunta si lo envuelve para regalo y Wiesler, en un doble juego de palabras, contesta escuetamente y con una sonrisa feliz: «Es para mí !!!»

Una Profundidad Conocida

No fue suficiente involucrarse y dar, fue necesario recibir esa dedicatoria para sentir que ahora estaba híper-comunicado con un nuevo, real y verdadero amigo, Dreyman. No es suficiente ver la película, será necesario entender el mensaje que nos da. Que si logramos usar toda la tecnología disponible y el conocimiento global para estar más cerca de los que nos necesitan, de nuestro prójimo, podríamos crear más bienes que ayuden a todos y nos permitan entender que NO podremos tener "un millón de amigos" solo conectándonos con "los otros", sin permitirnos una conexión íntima y una reflexión intensa que involucre todo nuestro ser, que ayude a desarrollar una personalidad propia, segura y real. Con los Océanos Esmeralda del Marketing podremos entonces navegar hacia la profundidad de nuestra esencia para encontrar la razón de nuestra existencia porque a veces solo quiero compartir un momento especial con mis verdaderos amigos porque "compartida la vida en más" sabiendo que la felicidad no es una posesión, es un estado del alma y es necesaria, por eso "hay cosas que no tienen precio". Finalmente habremos entendido que no es suficiente preocuparnos en oír "La Vida de los Otros", es necesario ocuparnos de ser conscientes, de estar híper-conectados con la felicidad que nos da sentir "el sabor del encuentro" con aquellos que pertenecen a "La Vida de Nosotros".

Acerca del autor

Director Ejecutivo de la AAM.

Graduado en Administración de Empresas en la UADE, tiene 5 hijos y 30 años de casado. Ingreso en la Asociación Argentina de Marketing en el año 2000. Anteriormente se desempeñó en áreas de Auditoría, Administración, Finanzas, Estrategias Comerciales y Análisis de Proyectos de inversión en empresas tales como: Industrias Reconquista, Grupo Roberts-HSBC, Productos OSA, Banco de Valores, Banco Finansur.

Participa como jurado en del Premio Conciencia Aseguradora, Premio Clarín Creatividad y en Premios de Marketing de distintas Asociaciones. Es conferencista en temas de Marketing y Management y tutor de grandes empresas y PyMEs para el desarrollo de estrategias y presentaciones. Es invitado en diversos medios para escribir o hablar de su Visión de los Océanos Esmeralda del Marketing.

¿QUÉ ES EL CAOCHING ONTOLÓGICO? ¿Y EN LAS ORGANIZACIONES?

Siempre escuchamos hablar sobre el coaching ontológico pero pocos saben de qué se trata, para qué sirve y a quién va dirigido (¿personas y/u organizaciones?). El Dr. Juan José Larrea, entrevistó a la Lic. María Lucila Chavez, Coach ontológica de IAnlpac.

PodCastDIRCOM

¿Dónde deseas escucharlo? Apple Podcasts | Android | Google Podcasts | Spotify | RSS | Más

Suscribe al PodCast DIRCOM y no pierdas ninguna novedad.

O puedes verlo en el Canal de Grupo DIRCOM en YouTube en: www.dircom.tv

LOS OCÉANOS ESMERALDA DEL MARKETING

Mariano Fernández Madero (Argentina)

Mientras la teoría clásica mostraba una competencia sangrienta que solo generó y genera "Océanos Rojos", los genios de W. Chan Kim y Renée Mauborgne nos enseñaron a buscar los "Océanos Azules" donde la competencia fuera "irrelevante", donde el secreto estaría en cambiar nuestra curva de valor en relación a la curva de valor de la industria, donde con múltiples herramientas podríamos aplicar la innovación en valor (aumentar los ingresos a la misma vez que se bajan los costos) incorporando la ejecución en la estrategia y buscando cuidadosamente la "secuencia correcta". Nos hacían entender que las tres claves de una buena estrategia serían: Foco, Diferenciación y un Mensaje Contundente. Que para lograr sustentabilidad, debíamos reconstruir el modelo de valor de cara a la demanda y no de cara a la oferta. Porque la estructura y las fronteras del mercado no existen en los consumidores, sólo existen en la mente de los gerentes.

Me pregunté entonces a dónde podrían navegar los que ya están en los "Océanos Azules" y leyendo distintos autores magníficos (Grün, Oliveto, Ingenieros, Wilensky, Kastika, Fromm, Braidot, Gibran, Kotler, Saporosi, Cohen, Dvoskin, Bauman, Storni, Kasparov, D'Andrea, Frankl, Ascher, Varela y tantos otros tan diferentes pero tan ricos) entendí que quizá debíamos navegar hacia los "Océanos Esmeralda" y sumergirnos en el interior de cada consumidor, investigando en lo más profundo de nuestro ser, porque entendí que la mayor cantidad de nuestros vendedores es inversamente proporcional a la calidad de nuestro marketing, porque en algún tiempo morirán las unidades de negocios y nacerán las unidades de valor y éste deberá ser sustentable. Pues los hombres no buscarán hacer negocios, porque implica negarnos el ocio, buscarán alcanzar un estado de ocio productivo, donde el trabajo dignifique y cree, donde la auto-responsabilidad genere mayor producción, donde la conciencia social nos impulse a crear bienes que satisfagan las verdaderas necesidades de los seres humanos, sin distinciones de ningún tipo, donde el sentido de la ética nos marque el equilibrio justo, que nos permita un crecimiento alentador como productores de bienes, a la vez que nos guíe en el valor justo que esos bienes tengan para los consumidores y que mediante un marketing responsable ellos lo puedan apreciar y disfrutar y sentir así esa felicidad que solo encontramos al compartir, porque el hombre sólo es feliz si da, si comparte su conocimiento, sus bienes, sus afectos, con personas que sientan la misma simpatía.

Bucear En Uno Mismo

En estos "Océanos Esmeralda" podremos comprender que no somos lo que vemos, somos lo que miramos con interés; que no somos lo que oímos, somos lo que escuchamos con atención, que no somos lo que tocamos, somos lo que sentimos al acariciar, que no somos lo que gustamos u olemos, somos lo que disfrutamos al paladear nuestro plato favorito o a lo que nos recuerda el perfume de una rosa blanca. Que delante –y no detrás– de un consumidor, hay un ser humano, que necesita ser entendido para poder ser comprendido por algunos. Que necesita recibir para poder dar, y dar para poder compartir.

He leído que el más alto nivel de la simpatía es la admiración, porque al admirar reconocemos que lo admirado se acerca a nuestro ideal; por eso el hombre sincero admira las obras ajenas en razón directa del goce que sentiría si él mismo las hubiera creado.

Ningún sentimiento revela mayor espíritu de justicia y ninguno tiene más alto valor educativo. Porque la simpatía comprende al amor y sólo quien comprende abraza.

Leí sobre la importancia de amar las diferencias. Si las flores no se distinguieran por su aroma, su forma o su color, jamás nos detendríamos a admirar a una en particular. Creo que para disfrutar nuestras diferencias, debemos navegar hacia el interior de nuestra esencia como personas, porque sólo si logramos simpatía con nuestra alma, lograremos empatía con el alma de los demás.

Leí que el que no ama su trabajo, aunque trabaje todo el día es un desocupado. Debemos amar nuestros trabajos tan intensamente como nuestros sueños, así sentiremos que estamos ocupados en algo grandioso, porque el hombre justo sueña, hace y ama a los virtuosos, a los que estudian y a los que trabajan y aumentan con su esfuerzo el bienestar de los demás.

Ser, Pensar, Hacer

Entendí que pensar sin hacer generalmente es inútil, y hacer sin pensar generalmente es fatal. Que debemos aprender a pensar mejor y empeñarnos en hacer más. Leí que el pensar bien nos ahorrará energía en el hacer y si somos más productivos en el hacer, tendremos más bienes universales y por ende más bienes para compartir. Generaremos más conocimiento si pensamos mejor, si confiamos que mientras uno trabaja para todos, todos trabajan para uno. Entenderemos por qué el amor fortalece más nuestra voluntad, si somos conscientes de las nobles causas que la impulsan, evitaremos ser débiles por pereza o miedosos por ignorancia de las causas que la determinan.

Leí que si los padres pusieran tanto empeño en instruir a sus hijos en el amor como lo ponen en exigirles el orden, este planeta sería un lugar mucho más agradable y que no hay conquista más ardua y al mismo tiempo más sublime que curar un corazón.

Debemos sentir que somos constructores del universo. No copiadores de la ruta que da al puerto exacto, sino observadores de aquellos ideales que nos señalan el camino. Es esencial pensar los ideales que se quieren vivir y es sustancial vivir con entusiasmo los ideales que se pensaron. Los "Océanos Esmeralda" nos ayudarán a entender que todo buen navegante disfruta más de navegar que de llegar a buen puerto. Leí que la meta importa menos que el rumbo, pues la felicidad está en el proceso más que en el término, que la transformación es un modo, así como la salvación es un acontecimiento.

Construyendo El Futuro

El mundo de ayer evolucionó al de hoy, sólo porque hombres visionarios pensaron y encararon con voluntad proyectos ambiciosos.

Leí que nada bueno hay en el mundo que no conserve el rastro de sus virtudes. Sin grandes ideales no lograremos importantes iniciativas: sin importar nuestra edad, debemos navegar jóvenes como sociedad y disfrutar las cosas simples de la vida. Leí que la juventud termina cuando se apaga el entusiasmo.

La felicidad muere cuando no puede sentir amor y el consumidor cambia sólo cuando ya no siente satisfacción. Leí que el futuro no es, el futuro se hace... y que ya no podremos pensar que habrá un lugar para nosotros... si no somos capaces de pensar en los otros.

Pensé que si aprendemos a escuchar las distintas expresiones que cada consumidor nos muestra, con los 5 sentidos del Marketing: el de la razón, del estómago, del corazón, de la piel y del alma, y aprendemos de cada uno a diferenciar lo quiere, de lo que desea, de lo que lo conmueve, de lo que piensa, de sus impulsos, de sus sueños, de sus miedos, de lo que lo gratifica, de lo que lo enfurece, de lo que lo alegra, de lo que necesita... podremos desarrollar, responsablemente, bienes más sustentables de los cuales se enamoren nuestros consumidores, logrando un mundo mejor para todos, donde los "Océanos Esmeralda" nos ayuden a entender el verdadero valor del marketing y nos permitan ser mejores productores de bienes (no de males) porque como dice el proverbio: las cosas no valen por el tiempo que duran, sino por las huellas que dejan.

RESILIENCIA ORGANIZACIONAL EN TIEMPOS DE CUARENTENA

¿Qué es la Resiliencia Organizacional y cómo podemos aplicarla en tiempos de cuarentena por culpa del coronavirus? El Dr. Juan José Larrea conversó con el Dr. Fernando Veliz Montero, autor del libro "Resiliencia Organizacional" de la Editorial Gedisa.

Juntos trataron todos los temas, reflexionaron y explicaron las dimensiones a tener en cuenta.

PodCast DIRCOM

¿Dónde deseas escucharlo? Apple Podcasts | Android | Google Podcasts | Spotify | RSS | Más

Suscribe al PodCast DIRCOM y no pierdas ninguna novedad.

O puedes verlo en el Canal de Grupo DIRCOM en YouTube en www.dircom.tv

CREATIVIDAD, PLANIFICACIÓN Y RESULTADOS EN LA GÓNDOLA

Maximiliano Horny (Argentina)

En los tiempos que corren el éxito de una estrategia de Marketing Integral se centra fundamentalmente tanto en el desarrollo como en la implementación de una campaña planificada y creativa, orientada siempre a generar resultados de negocio.

A mi entender, las mejores estrategias en este sentido, son las integradoras; las que logran integrar en la misma campaña la necesidad de la empresa contratante, la logística de distribución, la implementación en el punto de venta y por supuesto, al consumidor, ya que este último es quién verifica el éxito y cierra el círculo. El resultado es que se verá, siempre impulsado por algo innovador, es un Trade – Marketing efectivo y eficaz, que logra integrar y comprender las necesidades y objetivos de las áreas relacionadas al consumidor final, branding, publicidad y marketing respectivamente.

La nueva dinámica de comunicación y el inminente avance de nuevas generaciones de consumidores, ha creado la necesidad de buscar nuevos desarrollos creativos más efectivos y eficientes que den respuesta a las demandas. Y claramente estos conceptos van más allá del punto de venta. Están ligados a la logística de distribución de los productos, maximización de stock en cantidad & calidad y, al intercambio de información apoyado en datos y estadísticas para hacer aún más rentable el negocio. Este hecho es viable únicamente gracias a la utilización de nuevas tecnologías online y las capacidades de generar con ellas Reporting estadísticos de análisis y evoluciones que lleven a una síntesis ejecutiva que sirva como herramienta para la toma de decisiones inmediatas.

Son muy pocas las empresas o consultoras que lo ponen en práctica con la implementación del Merchandising Táctico. Por ejemplo Slam! es una de ellas con la participación de Renovatio Consulting en el proceso de la información. En este caso utilizado como una herramienta que les permite generar impulso de compra en los puntos de venta. Es decir que inician el proceso de trabajo ya desde el plan de negocios construyendo estrategias de marketing que impulsen ventas con un plan a medida de la necesidad de cada cliente. Esto es posible con la nueva tecnología de gestión digital de información online, que le permite a ventas y operaciones, obtener y analizar detalles y niveles de reporte casi en simultáneo al mercado. Luego, inmediatamente se suma lo anteriormente mencionado que refiere al análisis y síntesis estratégica que traduce la información en bruto en cuadros de rápida lectura.

Esta forma de trabajar facilita analizar comportamientos del consumidor en los distintos puntos de venta como ser hipermercados, supermercados, mayoristas o cadenas de farmacias & perfumerías.

No es menor que se pueden observar diversos comportamientos emocionales de consumidores frente a sus marcas preferidas. Esto lo vemos en el análisis de las promociones u ofertas inteligentes que se realizan en las cadenas.

En el mundo el Trade Marketing es un desafío interesante, y en el día a día evoluciona sin darnos tregua. Las acciones clásicas para algunos aún sirven pero para muchos ya quedan obsoletas. El desafío implica trabajar para sumar valor en el proceso de decisión del consumidor y del canal de distribución, que necesita fidelizar a sus clientes y captar nuevos potenciales, implementando ofertas de "valor agregado" para aquellos productos commodities que son los más elegidos y menos diferenciados.

Para resumir la idea, nuevos comportamientos, nuevas miradas, nuevos consumidores, nuevos formatos nos rodean. El Marketing requiere evolucionar en forma integral y creativa hacia aspectos que van desde lo social hasta el compromiso con el medio ambiente para lograr recomponer la creación de vínculos que se sustenten en el tiempo entre todos los actores involucrados.

Esta es y será la manera de innovar en las góndolas con creatividad estratégica alineada a resultados de negocio cada vez más exigentes, que incluyan a todos los participantes involucrados. Éste el nuevo marketing integrado sin lugar a duda.

Acerca del autor

Director y fundador de Brand 360 y creador de Brand 360 Magazine, profesor en la UBA, pero por sobre todas las cosas con más de 24 años de experiencia en el mercado del Marketing, Trade Marketing y Publicidad.

LIDERAZGO EN CUARENTENA

Daniel Rabalo, Pte. de ALARP, comenta sobre la figura del líder en época de cuarentena. Sus obstáculos y qué debería tener en cuenta.

PodCastDIRCOM

¿Dónde deseas escucharlo? Apple Podcasts | Android | Google Podcasts | Spotify | RSS | Más

Suscribe al PodCast DIRCOM y no pierdas ninguna novedad.

O puedes verlo en el Canal de Grupo DIRCOM en YouTube en: www.dircom.tv

◆ ◆ ◆

UNA MIRADA SOBRE EL MARKETING QUE VENDRÁ

Hernan Feigelsohn (Argentina)

En los próximos años el nuevo paradigma del Marketing ya no será un vaticinio ni una tendencia, sino una realidad. Las tecnologías, gracias a su avance incesante, han provocado cambios que afectaron a numerosos campos de conocimiento y entre ellos, el Marketing. Esta ciencia ha mutado profundamente desde aquél primer paradigma tradicional elaborado por el considerado padre fundador de la misma, Philip Kotler. Esta evolución no sólo ha afectado a los conocimientos, sino también a los procesos y modos de desenvolverse de las organizaciones. La interfaz virtual como medio de contacto entre una empresa y todos los públicos con los que se relaciona, el procesamiento informático de todas las actividades que componen el engranaje organizacional, las comunicaciones intra e inter organizacionales mediadas por la tecnología, la incorporación de la misma a los productos y servicios que se generan, las estrategias comunicacionales que utilizan medios de contacto personalizados y optimizan los recursos que se invierten en este área, la utilización de plataformas virtuales y de softwares que ofrecen soluciones integrales para la gestión empresarial, así como el aprovechamiento óptimo de las bases de datos y la implementación sistemas de seguridad informática cada vez mas infranqueables y menos vulnerables, serán el común denominador del Marketing y la gestión integral de las empresas. El otro gran motor del cambio que se suma al de la tecnología, es el de la responsabilidad social, el cuidado por el medioambiente y el respeto, por sobre todo, de los derechos humanos. La incorporación de la ética a los negocios como parte ya no solo de la visión y los valores, sino como algo omnipresente y genuino inscripto en los objetivos, estrategias, políticas, procesos y productos o servicios de las empresas es una tendencia que se acentuará cada vez más y, junto con la tecnología, actuarán como filtro para alcanzar el éxito o el fracaso en el mundo empresarial.

Como primer argumento podemos citar a quien hicimos referencia en líneas anteriores, Philip Kotler, sin duda una de las voces más influyentes de esta ciencia en la actualidad. En su último libro de "Marketing 3.0" el autor hace especial hincapié del "costado" socialmente responsable que debe tener la ciencia respecto a su contribución a la satisfacción de necesidades propias del bien común y el respeto por el medioambiente. Se habla de un beneficio en partida doble producto de la incorporación de la ética y las prácticas del cuidado. Kotler afirma que esta política, tanto corporativa a nivel macro como de Marketing a nivel especifico, generará resultados positivos para los intereses de la empresa así como para los clientes y la sociedad en la que esté inserto. El paradigma ha ido cambiando el eje central desde el cual parte la ciencia pasando primeramente por el producto, luego por el consumidor y hoy, asentado en la persona. Con la misma lógica, la evolución ha pasado de prestar atención al costado funcional del beneficio, para luego enfatizar en lo emocional y finalmente, en lo espiritual/moral, según el autor. Respecto a la comunicación, ha venido en franco ascenso la tendencia de la bidireccionalidad y personalización de la misma. Las redes sociales se presentan en este nuevo Marketing como las abanderadas, pero tampoco podemos dejar de mencionar los websites, el e-mailing out y sobre todo in bound (desde la persona hacia la empresa), las comunicaciones vía mensajes de texto y las aplicaciones para telefonía móvil que ofrecen las empresas, entre las principales. Todo esto por supuesto esta yendo, y cada vez mas notablemente, en detrimento de los excesivamente onerosos presupuestos que se destinan a los medios ATL de comunicación masiva, cuya eficacia y su relación costo-beneficio es cada vez mas cuestionado. El prestigioso economista a su vez advierte que esta orientación a los valores, característica distintiva del Marketing 3.0, de nada servirá si no hay una coherencia organizacional respecto a los mismos, que baje de la alta dirección a todas las áreas (entre ellas la de Marketing por supuesto) y a su vez sea genuina. Anticipa también que aquellas organizaciones que no adopten esta política desde el convencimiento intrínseco de la validez de la misma experimentarán un lento pero inevitable proceso de decadencia que acabará por dejarlas "fuera del juego".

Los lideres de las industrias serán aquellos cuyos productos o servicios hagan sentir a la persona, que al comprarlo/usarlo están haciendo algo bueno, según el propio Kotler.

La utilización de insumos no contaminantes al medio ambiente, un proceso productivo sostenible, limpio y responsable, la funcionalidad asociada a la salud, las políticas organizacionales y de recursos humanos que respeten los derechos humanos y de los trabajadores, el involucramiento activo con causas sociales y medioambientales, la colaboración y trabajo conjunto con las ONG, la practica pura del RSE, serán algunos de los factores claves de éxito del futuro cercano para las empresas.

Tampoco se puede dejar de mencionar en esta proyección respecto a la ciencia del futuro, y trayéndolo como argumento para la causa, la aparición del "community manager" como reflejo de este cambio que ya es una realidad. Esta figura se vincula con el manejo de las relaciones digitales de la empresa a través de sus redes sociales con las personas.

Según datos del Observatorio Iberoamericano de Comunicaciones Digitales y el IAE Business School, reproducidos en un informe publicado en el suplemento iEco de Clarín, en la Argentina el 89% de las organizaciones sostiene que los medios digitales forman una parte importante para las estrategias de negocios, más del 90 % posee una página web y el 70% tiene perfil propio en Facebook. Es tal el grado de importancia que reviste este cargo para la coherencia comunicacional de la empresa que ya es un hecho la apertura de cursos en Argentina para especializarse en dicha área. Es el caso por ejemplo de la Universidad Abierta Interamericana que ofrece un seminario para community manager. Podemos ver al responsable de comunidad de alguna forma como la punta de un iceberg mucho más abarcativo que es el marketing digital. Hace ya unos años que se habla de este como la tendencia hacia el futuro. Para citar un ejemplo muy cercano de ello podemos traer a colación el caso de la UCES. El nuevo plan de la carrera de Marketing ha debido actualizarse indefectiblemente y pasó de incorporar primeramente la materia "Marketing Directo" como materia obligatoria, a adoptar hoy en día dos orientaciones, o vertientes si se quiere, que los alumnos deben elegir para su 4to año. Una de ellas es la "Orientación de Marketing Digital" donde ya se ven materias muy especificas de este campo tales como E- Business, Análisis Estratégico Digital, Social Media Marketing, Marketing en Buscadores, Proyecto de Negocios Digitales y Plataformas y Ecosistemas Digitales. Estos ejemplos de la aparición del community manager y especializaciones al respecto, así como los cambios tangibles que hubo en el programa de Marketing de la UCES, universidad pionera y una de las lideres en el campo de Marketing, son indicadores de que la tendencia de la que esta prospectiva habla ya comienza a vislumbrarse en la realidad.

Enfocándonos ahora en el otro motor que impulsa el pasaje del marketing al nuevo paradigma, debemos hablar del marketing ecológico, verde o sustentable, según diferentes formas de denominarlo.

El incremento de consumidores que buscan proteger al

> *medio ambiente desde el lugar que ocupan ellos como demandantes de bienes no es un enunciado sin fundamento, sino una tendencia que se apoya en innumerables estudios al respecto.*

A modo argumentativo podemos citar un trabajo llevado a cabo por la organización sin fines de lucro "Let´s Heal" de Amsterdam, Holanda, que revela que en dieciséis de los países más importantes del mundo los consumidores prefieren productos que respeten al medioambiente y realicen prácticas sustentables y responsables. A su vez, podemos citar un estudio de InterBrands, una de las consultoras de marca más importantes del mundo, donde se observó que hay una fuerte correlación entre el accionar conjunto de las ONG y los Estados para generar conciencia en los consumidores, y que sean ellos los que exijan a las marcas un comportamiento responsable, en vez que las autoridades. En consecuencia, en relación a un porcentaje que viene en alza año a año, hoy el 60% de los consumidores mundiales valoran y eligen a las marcas que llevan a cabo programas de eco-marketing. No es casualidad tampoco que la mayor concentración de consumidores verdes sea principalmente en Estados Unidos y la Unión Europea, donde hay un involucramiento más fuerte de sus sociedades con el medioambiente. Otro argumento que cristaliza indiscutiblemente esta realidad es la implementación en la UE de la "etiqueta ecológica", que ya se ha incorporado como una variable más de marketing para las empresas que quieran atacar dicho mercado. Como vemos, las prácticas responsables ya exceden la esfera del marketing y el sector privado dado que es un cambio que no se originó desde la oferta, sino que es una reacción de la misma ante exigencias de la demanda, a su vez impulsada por organismos no gubernamentales en conjunto con los gobiernos. Es por todo lo susodicho que se observan empresas de la envergadura de Coca Cola, Nokia, Toyota, Ford, Honda, Danone, Sony, L´Oréal, Adidas, entre muchas otras, estén en el ranking 2013 de las eco-marcas más poderosas del mundo (según el estudio de InterBrands antes citado). En todo lo antedicho me apoyo para proyectar que esta tendencia seguirá siendo creciente hasta el punto que ya dejará de ser un factor diferencial o un "plus" para el posicionamiento, sino que será un eje central de cultura y filosofía de marca, que se verá reflejada en sus políticas, objetivos, estrategias y por supuesto, en sus productos y servicios.

Acerca del autor

Licenciado en Marketing desempeñándose actualmente en el mercado de los softwares empresariales como asesor comercial.

COMUNICACION INSTITUCIONAL EN CRISIS POR CULPA DEL CORONAVIRUS

El Dr. Juan José Larrea conversó con la Dra. Amaia Arribas, docente de la Universidad de los Hemisferios en Quito. Una profesional que se especializa desde hace años en Comunicación Institucional.

¿Cómo comunicar desde una institución de Estado, empresa pública, en tiempos de crisis por culpa del coronavirus? ¿Qué rol juega la comunicación interna y externa, el vocero, la organización, el Dircom?

PodCast DIRCOM

¿Dónde deseas escucharlo? Apple Podcasts | Android | Google Podcasts | Spotify | RSS | Más

Suscribe al PodCast DIRCOM y no pierdas ninguna novedad.

O puedes verlo en el Canal de Grupo DIRCOM en YouTube en: www.dircom.tv

COMUNICACIÓN INSTITUCIONAL
EN CRISIS - CORONAVIRUS
Elegi tu plataforma favorita

◆ ◆ ◆

CAPACITACIÓN: LA IMPORTANCIA DE UN BUEN COMIENZO DIARIO

Patricia Jablonka (Argentina)

Digamos Hola,

Es la Frase, que en estos últimos 15 años, me acompaña, todos los días, en mi vorágine laboral de interactuar con creativos, diseñadores, emprendedores, empresarios, estudiantes.

A lo largo de este camino aprendo día a día, desde las relaciones humanas, desde los afectos, como así también desde el asesoramiento, la capacitación y la educación formal, y no formal, que construir puentes, que encontrarnos con los otros, que entenderse y accionar para que las cosas sucedan, hacen de esta vida algo diferente.

Las relaciones son una necesidad humana fundamental

La gente tiende a hacer lo que esperamos que hagan

La gente tiende a "asociarse" con personas como ellos

La interacción repetitiva alienta la cooperación

El mundo es... pequeño!

Por esta razón...

Digamos Hola, es la forma que me identifica, desde lo que aprendí, capacitar y transmitir metodología y herramientas de gestión empresarial, conocer lo que uno desea ofrecer, solucionar o dar como beneficio, comunicar lo que hacemos, unida a la acción de observar, mirar, escuchar, percibir, sentir, desear, entender, explicar, relacionarse, innovar, generar valor , investigar, caminar paso a paso, apoyándonos en nuestro talento, más la generación de actitud, pasión, humor, hacen un mix infranqueable ,que a partir de los caminos que cada uno elija, gestar, desarrollar, posicionar, nuevas ideas y oportunidades se puedan identificar , navegando en los océanos azules , y así encontrar los procesos, los momentos, los tiempos, necesarios para mejorar , crecer cuanti y cualitativamente , y lograr proyectarse en los espacios que interactuamos.

Me quedó grabada una frase, que leí hace mucho tiempo, que decía, "Sera casualidad que la primera persona de los verbos crear y creer, se conjugan igual, YO CREO, entonces…, Creamos exactamente aquello en lo que Creemos".

Por eso, todos los días, me levanto y expreso "Digamos Hola ", comuniquemos nuestros proyectos y siguiendo el lema emprendedor, "Nunca miremos hacia abajo porque perderemos el horizonte de nuestros sueños."

Acerca de la autora

Actuaria - Contadora- Planificación Estratega Negocios. Sub Gerenta Operativa de Capacitación y Difusión del CMD. Coordinación del Área de Capacitación y Asesoramiento

ACERCA DE GRUPO DIRCOM

Somos un grupo iberoamericano dirigido a estudiantes y profesionales de la Comunicación, Publicidad, Periodismo, Marketing, RSE, Gestión, Diseño, Asuntos Públicos, Recursos Humanos motivados por la pasión por la Comunicación y la Gestión.

Nos dedicamos a la gestión de la Comunicación para empresas, organizaciones públicas, profesionales y políticos.

Nuestro equipo está integrado por profesionales de la Comunicación, las Relaciones Públicas, el Diseño, el Desarrollo y la Programación web.

Con estructura propia y oficinas en Buenos Aires (República Argentina) y Guayaquil (República del Ecuador), colaboramos por vocación para toda Iberoamérica.

Misión

Grupo DIRCOM es una consultora con editorial propia en el mercado de la comunicación. Somos la única organización en toda Iberoamérica reconocida por nuestra gestión y trayectoria sobre la Comunicación Organizacional con el uso de las tecnologías. Nuestro objetivo de hacer visible la Gestión del Conocimiento Latinoamericano en materia de Comunicación.

Visión

Ser reconocidos por la innovación y gestión de nuestros servicios, productos y herramientas tecnológicas en toda Iberoamérica.

Valores

Los valores nos definen por el rol que ocupan en nuestra organización. Ellos son: Compromiso - Ética - Profesionalismo - Trabajo en equipo - Coordinación - Empatía.

◆ ◆ ◆

CONTACTO

WhatsApp / Telegram: +54 11 4371 1414

info@GrupoDIRCOM.com

www.GrupoDIRCOM.com

facebook.com/GrupoDIRCOM

twitter.com/GrupoDIRCOM

YouTube.com/GrupoDIRCOM

instagram.com/grupo_dircom

◆ ◆ ◆

DESCARGA OTRO EBOOK DIRCOM

Visita Editorial DIRCOM en:

- Apple Libros
- Kindle Ediciones